大展好書　好書大展
品嚐好書　冠群可期

大展好書　好書大展
品嘗好書・冠群可期

格鬥術 1

特種保鏢
護衛格鬥術

王紅輝　車靜　編著

大展出版社有限公司

前　言

　　隨著當今經濟和社會的發展，保安業已經成為社會經濟發展中的朝陽產業，其擁有著廣闊的發展前景。但保安業是一個高風險職業，在工作中極易受到不法分子的侵害。因此，安保人員需要具備應對暴力侵害以及制止犯罪活動所需要的防衛知識和技能，從而防範、制止和控制暴力違法犯罪活動，確保自身安全，履行崗位職責。

　　如今，雇主在招聘保安尤其是招聘隨身保鏢時，主要看應聘者的格鬥能力。如果格鬥能力不行，很難從事這個行業。隨身保鏢是個高收入行業，一些頂級功夫高手紛紛加入保鏢隊伍。

　　保安業蓬勃發展，保鏢格鬥術也日益流行。很多傳授保鏢格鬥術的組織應運而生，很多安保格鬥專家也趁勢著書立說，介紹實用的自衛格鬥術。

　　為了滿足國內自衛術愛好者練習和瞭解保鏢格鬥術的要求與熱情，我們編寫了此書。本書介紹的防衛術是在大量現實生活實踐的基礎上得出的結果。它薈萃了世界各國的總統保鏢、安全護衛專家、著名隨身保鏢的防衛術精華，是作者多年研修防衛術的心得體會。

　　本書的第一章介紹了保安業的起源與發展、國內外保安業的有關情況、保安專業技能、各國總統保鏢的訓練要訣和護衛技能等。

　　第二章介紹了隨身保鏢進行駐地護衛、隨車護衛、現場護衛的方法。

　　第三章指導民眾如何及時發現涉恐嫌疑跡象，在面對恐怖襲擊時採取正確措施規避危險，掌握緊急情況下的救護知識，以最大限度地降低危害程度。

　　第四章介紹了保鏢徒手格鬥、地上作戰和繳械技術。第四節主要介紹了利用警棍、噴霧劑、電擊槍、手電筒進行格鬥。

　　第五章介紹了世界上一些頂級護衛專家的防身技巧。此教程能幫你解決所有防身難題。

　　對於這些技術，你可以根據自己的工作需要系統學習、全面掌握，也可有針對性或應急性地選學部分內容。本書的出發點雖然是維護保鏢及其護衛對象的安全，但對於普通民眾，也具有借鑒意義。

　　本書既可以給有一定格鬥能力的人提供獨特的學習原則，以提高他們已有的智慧、體能和技能，也可以給初學者提供一個高效速成的訓練方法，使他們從一名菜鳥迅速成長為一名自衛格鬥的好手。

目　錄

第一章

保鏢工作概述

第一節　特種保鏢工作的概念與特點

一、特種保鏢工作的概念

特種保鏢工作，是為了預防和制止恐怖組織或敵對分子針對護衛對象（國家首腦、政府官員；國際組織機構官員；商業巨頭；國內外著名學者、體育明星、影視歌星、社會各界知名人士）、保護目標和重大活動實施的陰謀襲擊、破壞活動而採取的一項具有特殊性質的保衛活動。

二、特種保鏢工作的特點

1.適應護衛對象

特種保鏢直接為護衛對象的安全提供服務，因此，特種保鏢工作必須適應護衛對象的需要，積極主動地為護衛對象的安全創造良好的環境和便利的條件。

特種保鏢工作這種從屬性，並不排除安保部門在特殊情況下行使「否決權」。在確實有安全隱患的情況下，安保部門有權建議取消或變更護衛對象的預定活動，或者採取一些較為特殊的安全措施，以確保萬無一失。如條件允

許，採取上述措施時，應先與主辦單位或接待部門通報協商，並徵得護衛對象本人的同意。

在美國，總統保鏢照樣可以根據安全保衛的需要改變活動安排。有一次，一位外國領導人訪問美國並應邀參觀紐約大都會藝術博物館。按照美國白宮典禮局同博物館館長事先的商定，主賓將從寬敞豪華的正門進入博物館，這樣好縱觀博物館的全貌。保鏢們經過現場勘察，認為主賓從博物館大門前的臺階逐級而上，暴露在戶外的時間太長，很不安全，就否定了原計劃，改為從一個小旁門進去，因為從這裡下車，一步就可以跨進室內。

2.預防為主

特種保鏢工作有句格言，叫做「聽到槍響，就意味著保鏢的失職」，講的就是特種保鏢工作的預防性。這是因為護衛對象都是重要人物，一旦遭遇不測，就會帶來無法估量和難以挽回的損失。為了防患於未然，這就要求保鏢要防範在前，透過周密的安排、檢查，可以最大限度地將各種可能出現的危險降到最低，避免可能會發生的事情，或是在危險來臨的時候將危險有效地化解掉，這才是特種保鏢所要學習和掌握的一種技能。

美國總統保鏢在保護總統出行或者出席活動時，特勤局會事先派出特工對所要達到的目的地以及沿途進行周密的地形勘察，然後根據地形的情況制定最安全的行車路線以及需要執行的安保任務。同時，保鏢還會對沿途的制高點進行有效的控制，以避免有可疑人員或者敵人提前埋伏在裡面對總統的安全構成威脅。

3.隨時戰鬥

國內外敵對分子對護衛對象的陰謀暗害、破壞活動，在什麼時間、什麼地點發生，採用何種手段等，在許多情況下都是無法預知的。因此，安保部門必須始終保持高度的警惕性，時刻戒備防範，充分做好應付各種突然事件的準備，隨時隨地準備化解敵對分子的暴力襲擊和破壞，這是特種保鏢工作戰鬥性的主要表現。特種保鏢工作的這種戰鬥性，體現在護衛工作的實施過程中，主要表現是，一旦遇有恐怖分子的武裝襲擊，特種保鏢必須快速反應，以保護護衛對象的安全為中心任務。

美國法律規定，保鏢的職責就是對護衛對象的安全負責。所以，保鏢必須讓自己的雙手無論如何都處於臨戰狀態，絕不會做任何妨礙這種狀態的事情。如果遇到大雨，保鏢們寧可讓總統淋雨，也不會去為他撐傘。

總統夫人在接受群眾鮮花時，即使她兩手不方便，保鏢們也不會幫她拿鮮花。

當總統身處人群中時，保鏢會根據事先確定的警戒範圍注意周圍動向。他們的目光如鷹般犀利，誰的手放在口袋裡，誰的目光不正常，誰的情緒起伏，誰做了一個意外的手勢等，這些細節都逃不脫他們的視線。一旦有人企圖襲擊總統，保鏢會迅速出擊，制服不法分子。

4.各方協調合作

特種保鏢工作是一項嚴密、細緻的組織協調工作。從調查瞭解情況，制訂護衛方案、應急預案，到部署工作，落實各項安全措施，都需要對有關安保部門和全體執勤人

員進行精心組織，密切協調；對主辦單位、接待服務以及相關的各部門，要及時通報情況，進行必要的工作部署，為特種保鏢工作提供良好環境；遇有重大護衛任務，還需要公安機關的通力配合與支持。因此，僅憑安保部門單槍匹馬很難完成任務，必須加強組織協調，分工合作、密切配合、整體作戰。

美國總統外出時，除了特勤局特工在總統周圍佈設的層層「人盾」外，場外還有反狙擊手特工、制服特警和應急團隊隨行，而一旦發生什麼意外，刺客可能會打出第一槍，但是周圍那些反狙擊手是絕不會讓刺客再打出第二槍的，因為除了現場的特工外，還有很多專用無線電頻道對現場實施著監控，一旦現場發現了什麼異常的人或事，監控的特工就會及時將這一資訊通報給現場的那些特工。

第二節　保安（全）的起源與發展

追溯人類的起源，保安有著很長的歷史記載。原始社會，當人們還在洞穴居住時，人們想了許多安全的方法以防其他部落和野獸對自己的侵害。他們沿著懸岩峭壁生活。他們將大石塊或者火堆放置在洞口來保護自己。史前普韋部落的印第安人，他們住在現在的科羅拉多（美國西部一個州），只有用梯子才能進入他們的居住地。

早期的另一個辦法就是將房屋搭建在湖中，如果要進入居住地的話，一定需要乘船或利用吊橋進入，這樣做使進犯者很難進入。事實上這些保護措施都屬於物防的範

疇。今天，物防如籬笆、牆、水還在應用。

　　早期的另一種安全防衛方法是居住到受保護的區域內，在那裡安全保衛的責任由大家分擔，這種方法促進了大家的團結與協作，有組織的保護就此開始。

　　隨著農業和飼養業技術的發展，安全保衛的需求不斷增加。當土地變成有價值的東西後，安全和社會秩序在保持良好的經濟環境中變得十分重要。當政治文明和經濟文明有了進步的時候，對於安全保衛的需要也隨之增長。

　　16世紀初，隨著社會的發展和貧富分化的加劇，社會治安較差，英國一些經商者為了保護身體及財產安全，組織了巡邏隊伍，保護自己、看守商鋪和倉庫，這就是保安公司的雛形。18世紀末期，英國創建了許多專業的保安組織，現代保安服務業逐漸形成。

　　英國保安業分為專有制和合同制兩類。專有制保安是由單位雇用和招用的單位內部安全人員；合同制保安是專門為私人提供安全服務的個人或公司，安全服務的範圍和內容根據雙方簽訂的合同約定。

　　世界上很多國家的法律和習俗是來源於英格蘭的。同樣，員警改革和安全保衛技術與方法也是從英格蘭移植到世界許多國家的。

　　近代世界最早的一家保安公司是美國的平克頓偵察社，它創建於1850年，現稱平克頓保安公司。1850年，美國的產業工人已達近百萬人，經濟發展迅速，人口數量暴增，財富大量聚集，貧富分化加劇，同時搶劫、偷盜等犯罪活動也日益猖獗，而國家員警無法為這些富人提供隨

時隨地的保護，於是，世界近代史上第一家民間的保安組織——平克頓偵察社應運而生了。

繼美國之後，英國、法國、義大利、西班牙、比利時、德國、新加坡、日本等30多個國家和地區都相繼成立和發展了私人保安公司業務，就連地域較小的香港如今私人保安公司也有數十家。

臺灣自1977年中興保全股份有限公司創建以來，保全公司目前也發展到了30多家。現在，保安業已經成長為預防犯罪、預防損失、維護社會公共安全的重要保障力量。近幾年來，為提高各國民間保安公司的業務水準、加強彼此之間的業務交流，一些國家還聯合起來成立了國際保安聯盟，它是以一個國家一個代表組織而成立的，目前已有19個國家加入了這個聯盟。

2011年7月6日，日內瓦高級國際關係學院發佈的一項軍火調查結果顯示，全球私營安保公司雇傭私人保安人員基本超過2000萬，規模已超過全球員警部隊的總和。

「政府規模縮小以及公共安全機構縮編的全球趨勢是私營安保行業快速發展的主要原因，」日內瓦高級國際關係學院發布調查報告說，「私營機構在公共安全領域所獲得的份額正在增加，無論是在監獄、機場、邊境，還是街道。」

報告調查統計發現，全球私人保安人員總計1950萬人至2550萬人。「20世紀80年代中期以來，私人安保行業發展迅猛，總規模已超出員警隊伍。」

按地區計，中美洲和南美洲的私人安保行業「膨脹」

最快。以瓜地馬拉為例，現階段共有警員19974人，而私人保安數量達12萬人。

　　發展中國家中，印度和中國的私人安保規模與員警隊伍懸殊較大。印度私人保安和員警總數分別是700萬和140萬，中國的這兩個數字分別為500萬和270萬。

　　美國現有私人保安200萬人，是警員隊伍規模的兩倍有餘。

　　調查統計同時發現，全球保安登記持有槍械火器170萬至370萬件。在非衝突地區，中美洲和南美洲的私人保安裝備「最猛」，保安「武裝率」是歐美地區的10倍左右。

第三節　保安的專業技能

一、守　護

　　守護是指一名保安人員被安排在主要出入口、大門、房門、接待室和控制中心等具體崗位上，對服務單位進行看護和防護的服務形式。出入口管理是守護的首要任務。安排在那裡的保安人員負責管理和記錄人、車、財物進出。同時，他們負有防止暴力、控制財物被盜、承擔保護的責任。守護的目的在於維護服務單位正常的工作秩序，確保單位人身及財產安全。

　　主要任務是：識別證件，阻止無關人員、車輛進入；登記進出人員和攜帶的物品、進出車輛和裝載的物品，防

止危險品、違禁品入內及服務單位物品被盜；對包裹炸彈、恐怖生物和其他危險品要進行安檢；疏導出入口車輛和人員，確保出入口暢通有序；做好出入口安全防範工作；完成與雇主約定的相關任務。

守護的保安要遵守雇主和法律的規定。在上班期間，不得擅自離開崗位。遇有尋釁滋事的，保安員要馬上制止，控制事態的發展。對人數較多難以控制或事態有可能擴大的，保安員要立即報告，並通知其他保安員到達現場，協助疏散圍觀群眾，疏導交通，儘快恢復正常秩序。

遇有閒散人員違反規定強行闖入或圍堵出入口的，要耐心勸阻，對不聽勸阻的，應透過關閉出入口等方式堅決制止並立即報告。要始終保持警惕，識破各種分散自己注意力、引誘自己離崗的詭計。遇有無證車輛欲通過出入口的，應告知其有關規章制度並予以制止；欲強行闖入的，應立即報告，並記下車型、車牌、顏色等特徵。

發現不法侵害行為時，要立即採取措施予以制止，在確保安全的情況下將嫌犯扭送服務單位或公安機關，同時做好現場保護工作。

出入口發生火災、爆炸等災害事故的，應迅速報警，及時通知服務單位，同時採取必要措施防止事態擴大，疏散圍觀者，搶救傷患，並保護好現場。

二、巡 邏

保安人員巡邏已經有許多年的歷史了。這可追溯到1829年，當時倫敦的羅伯特·皮爾先生組織了大都市安保

隊伍，經常進行巡邏，其目的是為了預防、阻止和威懾違法犯罪，保障該地區內的人身、財產及有關目標的安全。

　　保安巡邏是保安人員在一定區域、地段和目標巡迴觀察的一種工作形式，常採用步巡、騎巡、車巡等方式開展區域巡邏。由於雇主要求保安巡邏的範圍和保護目標不盡相同，所以保安巡邏的側重點也有所不同。

　　但從實踐情況看，其具體任務一般包括以下幾個方面：維護巡邏區域內和保護目標周圍的正常的治安秩序；預防、發現、制止各種違法犯罪行為；及時發現各種可疑情況，抓獲現行違法犯罪嫌疑人；檢查、發現安全方面的漏洞；對已經發生的不法侵害案件或災害事故，應及時報告公安機關或有關部門並保護好現場。

　　保安在進行區域巡邏時，要按照區域巡邏方案的內容和程式進行，並填寫巡邏記錄和交接班記錄。

　　保安員在執行區域巡邏過程中，要注意異常氣味、異常的物品、異常的人和異常的聲音。異常的氣味包括煙味、汽油味、臭雞蛋味等。異常物品主要包括無人在旁的貴重物品、無人認領的包裹箱子、疑似爆炸物品的裝置、帶血的衣服、帶血的刀具等。

　　異常的人主要包括在不該有人的時間、地點出現的人，呻吟、驚叫、呼救的人，緊張的人，心事重重的人，穿肥大衣服的人，攜帶物品可疑的人，駕駛交通工具與身份不符的人，公眾場合橫地不動的人，行進中突然倒地不起的人，以及獨自哭泣的小孩或有大人拉拽卻堅決不隨從的小孩等。異常的聲音包括發出爆裂聲、爆炸聲、禁止燃

放煙花爆竹區域的鞭炮聲、槍聲、物品墜地聲、繩索斷裂聲等異常聲音。

保安員在巡邏時發現異常情況，要及時進行仔細的巡視、檢查，發現異常所在的具體位置及具體原因，採取必要措施及時解決所存在的問題，對於不能解決或無法解決的要立即報告服務單位，有可能發生重大災害事故的要馬上報警。

三、押　運

保安押運是保安公司依據與客戶簽訂的保安服務合同，派出保安人員對客戶單位指定的貴重物品隨行護送警戒，確保物品安全到達目的地的一種保安業務活動。保安押運是保安服務的重要內容之一，也是確保客戶單位財務安全的重要措施。

保安押運的對象主要是來源合法、可以移動的財物，特別是貴重物品或危險物品。通常包括錢幣、有價證券、貴重金屬、文物、機密資料、槍支、易燃易爆或劇毒放射性危險物品、價值昂貴的機器設備以及其他物品等。

保安押運的目的是確保押運對象安全抵達目的地，因此，從押運任務開始到押運對象被交付收貨單位止，要做好每一個環節的工作。

押運任務的實施：保安人員必須保守用戶機密，不得向任何人透露所押送的物品、行車路線等相關資訊；在押運途中押運人員應堅守工作崗位，運行中注意觀察，站停時認真巡視、看守，不得遠離所押物資。特別是通過橋

檁、隧道、港口以及車輛（船舶）減速時要保持警惕，密切觀察周圍動向，遇到危險情況應在險情排除後再通過，防止發生失誤；車輛（船舶）臨時停泊時應加強對物資的警戒，勸阻、制止閒雜人員接近所押車輛；對偷拿、哄搶、損害、盜竊押運物資的違法犯罪行為要予以制止並及時向就近車站和公安部門報告情況，做好現場保護，配合有關部門清點物資，做好登記工作；遇有違法犯罪分子侵害押運目標和自身安全受到威脅時，可使用配備的防衛器械或徒手進行正當防衛；運輸途中押運人員要注意查看押運物品，檢查物品有無移動、遺失，包裝、鉛封是否完好，發現問題應立即查明原因，做好檢查登記，有異常情況及時報告；押運途中遇到物品中轉、改換交通工具時，應立刻組織保安員進行站位、警戒，迅速對所押物品形成安全區域；押運人員需要吃飯、飲水、上廁所時，應輪流進行；所押車輛在運行中發生火災、爆炸等重大情況時，應積極參加搶救，並主動向就近公安機關反映情況。

物品抵達目的地後，押運人員仍要加強警戒，嚴密觀察周圍動態；在辦理交接手續時，禁止無關人員接近物品；卸貨時，押運人員進行站位、警戒，確保所押物品在安全區域內；押運人員與客戶單位工作人員共同清點物品數目，檢查包裝狀況，經雙方確認無誤後，共同在收貨單據上簽名蓋章。

四、隨身護衛

隨身護衛是指保安根據合同約定對需要保護的對象進

行警戒、保護，保證其人身及財產安全的一種保安服務活動。目前隨身護衛的主要適用人群多為富人、影視明星、文體明星或其他有需要保護的人士。

一般的保安服務，其勤務崗位都有確定的地點或區域。保安隨身護衛服務則不同，它因完全取決於護衛對象各種各樣的活動而使得服務地點、方法各不相同，從而增加了保安服務的複雜性和艱巨性。

保鏢隨身護衛的服務對象，由於身份特殊，社會知名度和社會關注度比較高，他們的出行和活動，往往受到媒體和不法分子的注意，容易引起群眾圍觀、追逐、索要簽名和歹徒的不法侵害，這就需要保鏢根據護衛對象的情況，採取相應的安全措施和方法，為他們提供人身安全保障。

隨身護衛服務的方法：根據保安服務合同，制訂隨身護衛方案，確定工作內容和具體要求；確定使用的通訊、交通工具和行駛路線；準確掌握護衛對象的動態活動時間；護衛物件安排有公共場所活動時，保安員要事先瞭解活動情況，確定行車路線、停車位置；控制接觸護衛對象的人員範圍，掌握好活動時間，及時提醒其轉換地點；透過隨身護衛，築起一道安全屏障，使未經允許者無法靠近護衛對象及其工作、生活區域；敏銳觀察和掌握周邊動向，加強預測和保護；做好與安全有關的生活服務和醫療保健工作；瞭解護衛物件的活動情況、活動意圖，與有關方面加強聯繫；遇有正在實施的針對護衛對象的突然襲擊、滋擾等不法侵害時，應立即採取保護措施，制服不法

分子，將護衛對象轉移到安全地帶，防止事態擴大。

五、秩序維護

秩序維護是指保安員為保持服務區域內正常的工作、生活有條有理，不出現混亂局面所提供的一系列服務活動。秩序維護是透過安全巡視、安全檢查、報警監控、制止不法行為、疏散人群、防止人群騷亂等手段實現的。

秩序維護服務的內容：對所管轄的物業區域進行值勤監控、巡視來防盜、防破壞、防意外。

做好物業服務消防工作，進行消防宣傳教育，消防隊伍建設，消防制度的制定，消防設施、器材的配置及管理，災情發生後的處置措施等五個方面。進行道路交通管理，對物業服務區域內道路設施進行日常管理，對非法佔用道路的行為進行糾正和處置。

保證物業服務區域內交通安全、暢通，其重點是機動車輛管理，禁止亂停亂放和防止車輛丟失、損壞。對（庫）場內的車位劃分、行駛標誌、進出停車場車輛、存放車輛的防損和防盜工作進行管理服務。在特定地點、區域等人群聚集場所維持秩序。

人群控制的任務主要是查驗人員證件及攜帶物品，維持特定地點、區域、部位的治安秩序，威懾不法分子，保護重點部位和目標的安全，對聚集場所的人群進行疏導、分流、限制，防止擁擠、踩踏等事故發生，防止人群騷亂。

保安人員在處理群體性事件時要謹慎小心。在此提供

一些建議：關注人們而不是事件；避開不必要的交談；注意其他一些人的隱蔽動機；不要理睬試圖操縱你的人；保持鎮靜；使用常識。

六、安全風險評估

安全風險評估是指保安員按照科學的程式和方法，對雇主指定的或者本單位的區域和目標可能受到侵襲、發生意外事故等安全風險進行全面系統的評估，並根據評估結果制訂相應的安全防範方案的服務形式。

安全風險評估主要包括自然災害和人為災害的評估，涉及流行性傳染病、火災、地質災害、安全生產事故、雪災、化學事故、社會治安、詐騙事件、食品安全問題、煤氣中毒、核事故、風災、暴雨、洪澇、沙塵暴、常見多發病，等等。

透過風險評估，明確一個服務區域存在的潛在風險，對防範措施進行針對性改進，制訂各種安保應急預案，並根據預案進行疏散、逃生救護等培訓和演練。

第四節　保鏢格鬥技術的特點和作用

一、保鏢格鬥術的特點

1.以擒為主，打摔結合

保鏢格鬥術講究「打擒結合，打後必擒」。將不法分子擒獲是保安員運用擒拿格鬥技術的根本目的。保鏢最常

用的擒拿術是鎖臂術、鎖腕術、鎖指術和頭部控制技術。

控制、制服、擒獲的標誌是在歹徒不敢反抗或無法反抗的情況下將歹徒有效制服並將其順利捆綁和安全押解到公安機關。控制、制服、擒獲的途徑是以踢打摔拿技擊方法為手段，對付打鬥能力較弱或消極反抗者時，可直接使用擒拿法將其制服擒獲；對付積極反抗者或拼死抵抗者時，直接使用擒拿技術是困難的，也很危險，此時可靈活或綜合使用踢打摔拿諸種技擊方法，在踢倒、打倒、摔倒的基礎上將其控制、制服、擒獲。

2.高效速成，易學易用

保鏢格鬥術樸實無華，沒有固定的招數，擒拿格鬥技術動作是按照高效速成、易學易用、效果顯著的取捨標準確定的，對場地器材的要求也不高。透過訓練，使保鏢在意外情況下具有根據實際情況實施動作的能力，並能立即從被動轉入到積極狀態，適時合理地捕捉有利戰機，保護自己。

3.應變性強，運用廣泛

擒拿格鬥技術豐富多彩，針對性強，選擇餘地大，用於應付保安可能遇到的近身格鬥技術的各種情況。保鏢格鬥術與眾不同之處是在相似的環境中進行格鬥訓練。受訓者在各種場合學習應用擒拿格鬥技術，包括陌生的、不利的環境。

模擬訓練時經常使受訓者在巨大的體力、精神壓力下使用擒拿格鬥技術，使受訓者以後在不同的地形、場所處於困境時，也會思維清晰地進行自我防護並給不法分子最

有效的打擊。

二、保鏢格鬥術的作用

1.克敵制勝

保安格鬥術的目的不是用來欺壓良善，也不是用來表演或作比賽競技之用，「克敵制勝」是其首要的宗旨。當你遭受不法分子的侵襲時，你能憑藉它化險為夷。實踐已經證明，只要保安員熟練掌握了擒拿格鬥技術，就能在對敵鬥爭中以最小的代價換取最大的勝利。

2.提高戰鬥力

保安員長期進行擒拿格鬥訓練，不僅能全面掌握和長期保持使用防衛器械以及徒手擒拿格鬥的技能，而且能增強保安員的體質，格鬥訓練能有效地改善保安各器官系統的機能，發展他們的身體基本活動能力、身體素質和運動能力，全面提高他們的素質，使保安員保持良好的體能和承受激烈打鬥與對抗的能力，還能透過各種戰術的訓練，提高保安員整體協調配合能力。因此，擒拿格鬥訓練是提高保安員戰鬥力的最為重要的方法之一。

3.培養優良意志品質和戰鬥作風

擒拿格鬥訓練能培養保安員英勇頑強、沉著機智、堅忍不拔的意志品質和不懼強手、奮力拼搏、服從命令的戰鬥作風。

保安在進行擒拿格鬥術訓練後，可賦予他們一個具有絕對優勢的思維，他們會獲得對他們自己及他們的格鬥能力的高度自信心。

第五節　元首保鏢

一、技藝高超的各國元首保鏢

1.美國總統保鏢

20世紀以前，美國總統並沒有專職的保鏢，原因是為其提供專門的人身保護與美國人的民主和平等原則相悖。在美國為總統配備專職保鏢之前，先後有三位美國總統被暗殺。1865年，林肯總統被槍殺；1881年，加菲爾德總統被刺身亡；1901年，麥金萊總統被暗殺。鑒於美國總統是一個極其危險的職業，美國國會正式立法要求特勤局保護總統。

保鏢也確實為保護美國總統的安全立下了汗馬功勞。歷史上，美國有11位總統遇刺，其中有7人是被保鏢救下的。雷根總統當年遭槍擊，其保鏢麥卡錫為他擋了一槍。

一個人想要成為一名合格的總統保鏢，就得接受特勤局異常嚴格的選拔，最基本的條件是：必須是美國公民；21歲以上37歲以下；知名學院或者大學的本科學位，在犯罪調查或者其他執法機構具有不少於3年的工作經驗；視力極佳；健康出色的體格；必須通過特工處的特別測試；必須接受祖宗三代審查，接受是否吸毒檢驗、醫療檢查和心理測試。如果全都能通過，又完成了特工處訓練學校的嚴格訓練的話，那麼你就可以持證上班了。

作為美國最有權力的人物，總統享有最嚴密、最安

全的保護。按照和總統距離的遠近，總統保鏢被劃分成四種。

第一種被稱作「樹後保鏢」，負責遠端監視，佈置好沿途的安全工作。

第二種則被叫做「窗下保鏢」，他們會在總統的辦公室、居所外進行戒備。

第三種是「樓梯保鏢」，他們一般負責室內的安全。

第四種就是「貼身保鏢」，總統到哪裡，他們就要跟到哪裡，和總統形影不離。

總統一次國內行程，大概會組成一支200到300人的隊伍，而國外行程隊伍可能多達600人。

2.俄羅斯總統保鏢

俄羅斯總統安全由總統安全局負責。總統安全局只執行總統的命令，下設有總統團，也就是人們通常所說的總統衛隊。

總統安全局由總統直接領導，只執行總統的命令。按照俄羅斯的有關法律的規定，其任務是保衛總統及其家屬，保衛政府總理，國家杜馬、聯邦委員會主席，最高法院、憲法法院和仲裁法院的院長。此外，該局還要負責保護前國家領導人的安全。

另外，外國國家元首赴俄羅斯訪問時，該局也要協同俄有關部門及警方完成安全護衛任務。

總統保鏢擁有著令人羨慕的高薪，每年還享有30天假期。但是，要想進入這個特殊群體，必須經過層層篩選。首要條件是絕對忠於總統、為人正派、無刑事記錄；

其次，身高必須在1米8以上，年齡在20歲至35歲；他們必須身體強健、能吃苦耐勞、心理素質良好、反應靈敏、具有特長，並且工作作風細緻縝密。再有，必須精通多種格鬥術，能在惡劣環境下駕車，甚至應會識別各種毒藥。

俄羅斯首腦選擇貼身保鏢的標準是不一樣的。葉爾辛選擇保鏢的標準是身強力壯，有酒量，能及時地給領導斟酒，喜歡打籃球和網球。

普丁挑選貼身保鏢的條件是既要身體強壯又不能太引人注目，也就是說他要求這些人成為「隱身人」，行為越不起眼兒越好，甚至連相貌選擇也要極為平常，不能太突出，這樣才不至於「樹大招風」。

俄羅斯總統保鏢在隨總統出行時總是穿著便裝，隨身攜帶兩件東西：一是身藏9毫米手槍；二是他們手中提的「公文包」，它們實際上是折疊式防彈護板。當危險來臨時，保鏢將它們輕輕一抖動，就成了總統周身的一堵防護牆。俄羅斯總統出訪時，共有四層保鏢保護。

第一層是總統的貼身保鏢，通常是幾名彪形大漢，他們戴著耳麥，手提可做裝甲盾牌的公文包。這些人用身體掩護總統，憑藉人多勢眾和剛猛的相貌震懾不法分子。

第二層保護圈是混雜在人群中的便衣。他們像普通民眾一樣毫無特徵，便於暗中行事——必要時甚至會對可疑分子進行身體接觸，確定是否身藏武器。

第三層保護圈是站在人群四周的保鏢，他們阻截試圖擠到總統身邊的人。

第四層保護圈距總統最遠，他們是埋伏在屋頂上的狙

擊手，隨時準備射殺威脅總統人身安全的人。

3.法國總統保鏢

法國總統每次出行，人們都可以看到一些高大健壯的身影在周圍閃動。這些身影就是個個技藝超群的安全保衛高手——「法國總統安全性群組」的成員。

「法國總統安全性群組」成立於1983年，隸屬於「國家憲兵安全干預組」，主要職責是保護總統及其夫人等家屬的安全，確保總統完成重大的政治活動。法國總統安全性群組裝備精良，他們使用的主要武器是MR73左輪手槍、MP5K衝鋒槍、麻醉手榴彈、眩暈手榴彈和一枚威力很大的手榴彈等。

其中，MP5K是專門用於保護要員的衝鋒槍，口徑為9~19毫米，能夠安裝鐳射瞄準系統，可以向50米範圍內的恐怖目標進行射擊。夜間執勤還裝備了夜視眼鏡，這種夜視眼鏡重300克，戴上它，保鏢們在漆黑的夜間能將500米內的目標看得清清楚楚。

為了防止不法分子射殺總統，「法國總統安全性群組」還攜帶有大量可折疊的凱夫拉盾牌。一有風吹草動，保鏢會馬上用盾牌將總統遮護起來，擋住子彈或手榴彈之類武器爆炸產生的彈片。

「法國總統安全性群組」挑選成員非常嚴格。根據規定，所有申請加入「法國總統安全性群組」的憲兵應徵者，必須在32歲以下，在憲兵成功服役5年以上，並通過空中體能和體格測試。這僅是第一道關。

然後是為期一週的篩選測試，主要是進行全面體檢、

射擊考試和心理測試。如果第二道關通過了，應徵者將進行第三道關的考驗：為期6個月的訓練，包括體能、搏鬥、游泳、武器熟悉和突擊兵訓練等。其中，突擊兵訓練包括小船使用、滑雪、爆破和直升機穿插等。最後是貼身保護訓練和跳傘訓練。只有闖過所有關口，應徵者才能成為總統及其夫人的護衛保鏢。

在所有科目中，一些內容難度極高。如高速駕車訓練是在世界極有名的勒芒賽車場裡進行。新成員需要學習高超的駕車技術，主要用於馬路戰，以對付總統車隊在馬路行駛時突然遭到的汽車襲擊。

4.以色列首腦保鏢

以色列人的安全保衛事業享譽世界。而以色列總理保安機構——辛貝特，更是赫赫有名、首屈一指。許多國家的保安團體，都排隊出高價聘請以色列保鏢當顧問或者教練，甚至連美國人都虛心地向以色列保鏢請教。

以色列辛貝特的成員都是從以色列精銳部隊中千挑萬選選拔出來的，他們個個身材魁梧，才貌雙全，反應機敏，技藝高超。人人都有嫺熟的駕駛本領，個個都能熟練地使用保安設備，精通搏擊、擒拿等各種武功。他們出槍快，射得準，第一顆子彈擊中目標是最基本的要求。一旦遇襲，首先要將保護對象按倒，以自己身軀抵擋刺客的子彈。他們的工作年限不會太長，反應一慢就可能會在安全保衛工作中出現漏洞，也就不適合再幹下去了。

以色列辛貝特成員除了要學習犯罪學、鑒定技術、業務課程等基礎科目外，還要進行大量的實地訓練。實地訓

練的強度非常大，而且稍有疏忽就會產生意外。

在軍事訓練中，新隊員通常是以3個人為一組，訓練項目是從各種單兵技術到參加各級規模的戰術演練。除了要學會熟練掌握手槍、步槍、衝鋒槍等武器和跳傘技術外，還要學習卡烏‧馬格、空手道、拳擊和柔道等搏擊技術，並要掌握爆破技術和沙漠生存能力。

辛貝特的官員們還把新隊員訓練的成績以及許多資料登錄電腦，作為考核新隊員是否合格的重要依據。在訓練告一段落後，一些成績差的新隊員就會被淘汰了。以色列辛貝特有一個顯著的特點，就是訓練特別嚴格，體力訓練難度大、力度大，這在世界上也是很有名的。

以色列首腦保鏢在護衛政要時，通常實施三層保護圈戰術，可謂壁壘森嚴。

5.利比亞總統保鏢衛隊

格達費一向以特立獨行著稱於世，而他擁有的一支獨一無二的「女保鏢」隊伍，更顯得與眾不同。格達費出行時喜歡帶上這些女保鏢，她們幾乎成了格達費身邊一道靚麗的風景和引人注目的招牌。

格達費於1981年春夏開始在他的衛隊中使用女保鏢，她們都是的黎波里女子軍事學院或利比亞女子警官學院的畢業生，有的還獲得過碩士學位。

每個成員都受過嚴格的軍事訓練，射擊技術精湛，而且機智靈敏。她們英姿颯爽、光彩奪目，既有女性迷人的魅力，又有軍人的剛毅氣質。這些貼身女保鏢一般維持在40人左右，會定期更換。

這些女保鏢不但才貌雙全，而且個個勇猛無比，她們曾用實際行動證明了自己是領導人名副其實的貼身保鏢。她們曾數次幫助領導人逃脫謀殺陰謀，特別是1993年她們從一批打算政變的男軍官手中救出了元首，更是使她們名聲大震。

6.英國皇家衛隊

英國皇家衛隊隊員身著猩紅色緊身短上衣、頭戴熊皮高帽，是英國的一道獨特風景，他們每天在白金漢宮廣場上的換崗儀式都會吸引眾多行人駐足觀看。

皇家衛隊的主要任務是保衛王室成員的安全，但他們還有別的任務，凡是國家有重要的軍事任務，皇家衛隊都會作為精銳部隊衝鋒陷陣。

英國皇家衛隊的士兵從各地陸軍中選拔出來，然後被安排到皇家儀仗隊位於白金漢宮附近的軍營中受訓。這些新兵每天除了跑步、射擊訓練之外，還需要學會炮彈發射、排爆、騎術等。

英國正規的皇家警衛部隊屬英國陸軍系列，分為騎兵和步兵兩部分。1815年，英國皇家衛隊在滑鐵盧會戰中打敗了法國的老牌衛隊，並因此開始戴紀念戰爭勝利的熊皮高帽。要製造一頂46公分高的熊皮帽，通常需要一頭甚至兩頭黑熊的皮。熊皮帽經久耐用，其中有許多甚至代代相傳，成了名副其實的「傳家寶」。熊皮帽子遇雨吸水，而且不會產生靜電。但由於動物保護組織的不斷抗議，英國從2011年開始，不再用野生黑熊皮帽子，而以人造皮草替代。除了帽子，女王的衛兵們還要身著厚重的軍裝鎧

甲，以及大大的軍靴。

英王外出的時候，皇家衛士都會緊隨身邊。如女王觀看賽馬時，衛士就身著便裝，混跡於人群中，注意觀察人群的動向。查理斯王子喜歡到野外打獵，他騎馬較快，常常將衛士落得很遠。衛士就在他身上放置一個煙盒大小的跟蹤器，以便在雷達螢幕上觀察王子所處的方位。由於皇家衛隊的盡職盡責，歷史上從未發生過英王被刺殺的事情。

7.印度國家安全衛隊

由於國內恐怖活動日益猖獗，1986年9月，印度內閣秘書處根據國家安全法組建了國家保安衛隊。這支部隊目前總兵力約7500人，司令部設在新德里中央政府辦公區內。這支部隊在喀什米爾及其誕生地旁遮普等地區的緊張的反暴行動中獲得了大量的作戰經驗，他們執行多重任務：從反恐、人質救援到保護要員，是亞洲最精銳的反恐部隊之一。

因為成員身穿黑色制服，頭戴黑色貝雷帽、黑色頭盔，印度國家安全衛隊也被稱為「黑貓突擊隊」。

8.義大利總統衛隊

義大利總統衛隊隸屬於憲兵部隊，而人數多達9萬人的憲兵部隊歷史悠久，它於1814年7月13日由皮埃蒙特王朝維多里奧國王創建。義大利總統衛隊及其機動部隊「中央安全行動核心」的成員都是從憲兵部隊、正規部隊以及國家特種部隊中招募的佼佼者。他們的集中訓練也是以體力和耐力訓練為主，而且訓練也是十分嚴格。義大利總統衛隊及其機動部隊「中央安全行動核心」的裝備堪稱

世界一流，並且武器裝備大多是本國研發生產的。

　　和其他國家把刺客「就地處決」的原則比較起來，義大利總統衛隊的要求與眾不同，義大利總統衛隊及其機動部隊「中央安全行動核心」的原則是：活捉罪犯而不是擊斃罪犯。所以，他們特別重視擒拿格鬥技術的訓練，也特別強調射擊的準確性，只能射擊罪犯的手、腳，而不能射擊要害部位。

9. 日本首相保鏢

　　日本首相的保鏢屬於保安特警隊，這是一支有200餘人的政要保安隊伍。

　　日本保安特警隊隸屬於東京警視廳警備部警護科，簡稱「SP」，任務是保護本國和外國重要人物的安全。隊員現在有200多人，特警隊分為四個班次，各班分工明確，一班負責天皇、內閣首相官邸；二班負責眾參兩院議長、副議長、最高法院院長和國務大臣；三班負責來訪的外國首腦及政界要人；四班負責政黨領導人。

　　為了便於保護來訪的女性首腦，保安特警隊還組建了一支女子特警隊。特警隊員們由於工作性質的緣故，很少公開穿警服，一律著合體的便服，繫紅色領帶，胸前佩戴SP圖案和帶編號的徽章。徽章的圖案是太陽、月亮和櫻花，象徵著他們不分晝夜、不辭勞苦地執行任務。

　　日本保安特警隊的挑選極為嚴格，挑選對象為東京警視廳所管轄的4萬名員警，入選的基本條件是：

　　一是要有過硬的身體素質，身高必須是175公分以上（女隊員必須160公分以上），且強健有力，相貌較好，

視力良好，反應迅速，動作敏捷。

二是能精通各種槍械，特別是要求手槍射擊技藝超群。要求在25公尺距離以外對10公分以下小目標射擊時，必須在20秒鐘時間內命中5發以上。

三是必須有無畏的勇氣、強烈的責任感和犧牲精神。隊員不僅需要強壯的氣魄，還需要一顆勇敢的心，臨危不懼，遇險不驚，為了保護政要的安全不惜犧牲自己的性命。

四是精通英語，能用英語流利地進行各種對話。

五是精通近身格鬥技術。

保安特警執勤時的主要任務是事先發現潛在的攻擊分子，並將其擒獲或打死。如果可疑分子開槍射擊，特警首先要用身體擋住飛來的子彈，以確保被保護對象的安全，然後再實施反擊。如果歹徒徒手攻擊被保護者，特警會想方設法將歹徒撞倒，以確保被保護者的安全。

據披露，日本保安特警在保衛政要人物時，通常會採取特殊的隊形將被保護者緊緊地圍在中間，即「貼身護衛」。據說，他們貼身保衛政要的戰術，已經被很多國家的員警學校搬進了課堂。

二、總統保鏢是怎樣練成的

1.美國總統保鏢的訓練

在美國，只有精英中的精英，才能成為總統保鏢，那麼美國總統保鏢是如何練成的？他們需要經由怎樣的層層考驗才能有資格站在總統身邊？

　　新招募來的隊員必須進行為期5個月的專業訓練，訓練的主要課目有射擊、駕駛和護衛要人的專業知識和技能。另外擔任總統、副總統貼身保鏢除了要學習共同課目外，還要接受專門的安全訓練。

　　他們要學習使用先進的護衛技術，練習在各種複雜的路況和特殊的環境中的高超駕駛技術；還要學習防火、防毒和排除各種爆炸物的知識和技能，學習徒手格鬥技巧。保鏢要瞭解不法分子的心理特徵，能果敢機智地解決問題。保鏢們還必須熟練地掌握「走人技巧」，即保護總統在人群中順利行進的技巧。

　　美國特工局有一個占地約500英畝的保鏢培訓中心，它坐落在馬里蘭州的一個偏僻鄉村。該中心的四周被一個野生保護區和土壤保護區所覆蓋，周圍濃密的樹林能掩蓋特工們在訓練時發出的各種聲音。到這裡來接受培訓的特工人員過著嚴格的軍事化生活，一方面，他們要接受長期的審查，其中包括接受測謊器和藥物測試；另一方面，他們要熟練地掌握各種護衛技能。

　　他們必須會熟練使用各種武器，特別是熟練使用9毫米半自動手槍以及機槍、衝鋒槍等特工常用的武器。射擊的靶子被設計成各種人物，包括手持槍械的白髮老人。教官教導特工，無需警示，對準心臟部位，一槍斃命。特工隊員不但要使用各種新式武器，而且要根據需要設計特殊的武器。每一位離任總統的專車都要送到訓練中心，供教學訓練用。

　　訓練中心主教學樓牆上的照片記錄的大多是風和日

麗以及被保護者安然無恙的時刻。瑪律拉蒂大樓則講述了總統保鏢一段鮮為人知的辛酸和失敗往事，其中涉及了甘迺迪總統遇刺事件的一系列照片，還有在1901年麥金萊總統送葬佇列的俯拍照，時刻提醒特工們安保工作是多麼的重要。為使特工們掌握在各種突發情況下護衛總統的本領，該訓練中心利用現代化的教學設備將世界各地發生的槍擊、爆炸、伏擊、刀刺、車撞等重大謀殺政要事件製成教學片，由防恐專家給學員們反覆分析，讓特工從這些事故中吸取經驗教訓。

尤其是教官多次向學員播放甘迺迪遇刺的現場紀錄片，使特工對甘迺迪血肉橫飛的血腥場面銘記在心，從而深切地體會到自己所擔負的責任以及對刺客的仇恨。

此外，特勤局還充分使用國務院特工局的三個保鏢培訓中心，讓學員們學習新知識、新技術和應付新挑戰的能力。

美國的一些私人保鏢學校也是為特工局輸送高素質保鏢的場所，如美國前總統雷根的保鏢就出自私營的理查高級保鏢培訓學校。

在馬里蘭州貝爾特斯維特工局訓練中心裡，理論學習與實際操作並重，學業告一段落時還經常會進行蹲守、追蹤、抓捕以及防爆等多種演練。

理論學習時，防恐專家們利用各種先進的電化教學設施，幫助特工熟悉和掌握各種護衛知識和技能。透過形象直觀的教學，讓特工瞭解掌握突發事件的某些徵兆、謀殺事件出現後保鏢應採取的應急措施，以及如何有效制服刺

客和保護政要的各種手段等。

教授們還利用電視螢幕顯示出類比行刺的情節，讓特工運用已學的知識設計出如何避免保護對象被刺或把危險減少到最低限度的具體方法和措施。

實際操作課目主要是讓特工熟悉各種武器的設計和性能，提高特工排除故障的能力和射擊精準性。訓練中心還專門設計了一種訓練槍，一旦扣動扳機，電腦馬上便可以顯示出中靶的環數。考慮到實戰的需要，教練員著力訓練特工在行進中準確命中目標的能力，如在速跑、攀爬翻滾以及在飛奔的汽車中對目標射擊的命中率。

徒手格鬥術是所有特工培訓項目的一部分，它能使特工逐漸獲得勇氣和自信，獲得在脅迫下保留注意力的能力。格鬥訓練還要讓其接受「皮肉之苦」，忍受雨點般的拳打腳踢，這種訓練是打造「金剛之軀」必不可少的步驟。

特勤隊員在防禦軍事行動課的培訓過程中，常規學員還要接受累計24小時的駕駛技巧訓練。而被分配執行駕駛任務的隊員，還必須接受進一步的訓練，通常是超過40個小時的訓練，要求特勤隊員在行駛的汽車中上下自如，在夜間、雨雪中能駕駛汽車急停或急轉彎，能一手駕駛、一手持槍擊中目標。

特勤隊員還要接受10個小時左右的游泳訓練，其中包括從落水的飛機或車輛中逃生的技能。為了模擬飛機或者車輛落水後特工被困在座位上動彈不得的情形，訓練時會讓真實的飛機或車輛落入水中，來讓特工進行訓練。

　　但需要指出的是，這種訓練並不能確保落水的特工安然無恙——1973年護送尼克森總統的特工Ｊ‧克利福特‧迪特里希就是這樣犧牲的。

　　當時，他所乘坐的軍用直升機在大西洋墜海，直升機被海水淹沒，使得他沒有逃脫，最終被海水奪去生命。

　　訓練中心還聘請了不少外國的反恐怖專家任客座教授舉辦講座，介紹各種恐怖組織的基本情況，讓特工可以瞭解各種恐怖組織的活動規律和手段，能夠在知己知彼的情況下，打敗對手。

　　學員在訓練中心結束訓練的時候，通常都要進行實戰演練。1992年6月，訓練中心進行了這樣一場實戰模擬演練：布希總統和他的隨從正在巴拿馬參加該國舉行的歡迎他們的儀式。在儀式進行中，突然有一群反政府示威人士衝破了由員警組成的隔離人牆。剎那間，槍聲四起，在催淚彈爆炸的瞬間，總統保鏢迅速衝向講臺，將總統和夫人保護起來。同時，一隊先前未曾露面的反恐人員從附近的活動拖車中衝出來，他們穿著藍色軍裝，腳穿黑色作戰靴，頭戴防毒面具，手持ＭＫ16步槍。

　　總統和夫人穿上了保鏢送來的防彈衣，並在保鏢嚴密的保護之下坐進了一輛防彈車內。就在這個時候，一個車隊在警笛聲中駛進了廣場，這個車隊包括總統的座車、總統隨從和保鏢乘坐的一些車輛。然而，總統和夫人已經坐進了停在道旁的一輛防彈車內，在大批保鏢的保護下，他們只要等待保鏢徹底檢測並確認安全後就可以離開了。

　　在學員們離開訓練中心的時候，教官會給他們最後一

句告誡：「祝你好運，另外，別忘了寫份遺書。」

特工們在訓練中心學得高超本領後，還不一定能當總統保鏢，在近3000名特工中，只精挑細選少數精英在總統特別警衛小組中工作。實踐經驗對於特工們來說非常重要，他們必須有7～9年的外勤工作經驗之後才能在華盛頓各地輪換調防。

為瞭解罪犯的心理，他們每年都要到監獄去接觸殺人嫌犯，與他們進行交談，以做到「知己知彼」。總統的保鏢們在工作中還必須練就能發出殺氣騰騰的眼神及一副令人望而生畏的面容，使得一些人知難而退。

總統的保鏢還必須養成對任何人都防備的習慣，並具有嚴守秘密的品德及在政治上的超然態度，這是從血的教訓中得出的結論。

當年甘迺迪遇刺時，他身邊不乏技藝超群的保鏢，但保鏢們對甘迺迪初選大勝得意忘形，與群眾一起歡呼而一時放鬆了戒備，使刺客有了可乘之機。保鏢們的口頭禪是：「如果他（總統）在我值班時遇到不測，那就完了。他的性命就是我的性命。」

2.俄羅斯總統保鏢的訓練

俄羅斯總統安全局每隔半年就要到全國範圍內招收新成員，重點是從俄羅斯特種部隊中挑選。應徵者首先要經過面試和個性測試。初選合格者要在專門的保鏢學校經過特殊的訓練。俄羅斯的保鏢學校享譽世界，原屬蘇聯克格勃，不僅訓練俄羅斯保鏢，還為北韓和古巴訓練保鏢。入選者經訓練達標後才能進入總統衛隊。

在掌握技能之前，俄羅斯總統衛隊還要求特工們首先要善於思考。他們認為，一旦情況發展成為開槍自衛的境地，就說明這個保鏢已經失職了。保鏢除了擅用身體和武器，更要擅用頭腦，提前判斷並及時消除潛在的危險，最好在不驚擾周圍人的情況下將一切處理妥當。

進入總統衛隊以後，還必須再接受嚴酷的訓練，特別是體能、格鬥術、射擊、駕駛、快速反應、準確判斷和思維能力的訓練。在這些訓練完全合格後，才能成為總統衛隊的正式成員。即使在正式參加工作後，在堅持工作的同時，每隔一天還要參加格鬥和射擊訓練。

3.法國總統保鏢的訓練

法國總統衛隊每年2月份在全國範圍內挑選新成員，經過層層選拔，120名的預選對象只有6名有資格入選。

入選特工將接受一系列特殊訓練。首先，他們要學會辨識敵人。教官向特工出示一張「敵人」的相片，只讓他們看3秒，就將照片和其他100張照片雜亂地放在一起。特工們被要求，一眼能辨認出「敵人」的相片。接著，教官再將這名「敵人」的照片混跡於數百人當中，要求特工在10秒鐘之內將其認出並將其「擊斃」。世界上很多有名的恐怖分子的相片都作為訓練內容，被法國總統保鏢銘記於心。

此外，法國保鏢還要接受體能、格鬥、游泳、武器熟悉、射擊、佈雷、除雷和突擊兵訓練等。其中，格鬥術訓練主要學習美式拳、法式拳及泰國拳。法國保鏢的高速駕車訓練是在世界極有名的勒芒賽車場裡進行的。法國總統

的保鏢個個都是出色的特技飛車手，可以讓並排行駛的三輛車同時作180°的大轉彎，可以在第一聲槍響後的30秒時間內迅速駕車撤離危險區。據說，這種過人的車技曾經將法國密特朗總統從槍林彈雨中解救出來過。

4.日本政要保鏢的訓練

日本保安特警隊在職訓練也極為嚴酷，每天特警隊實用技術訓練從著裝檢查和槍支檢查開始，再進行警衛戰術技術的特別訓練，然後進行徒手護衛技術訓練，接著是射擊訓練。射擊訓練是特警訓練的主要項目之一。在射擊訓練中，新隊員要表現出自己在這方面的技能，射擊時的姿勢要平穩，還要有足夠的靈活性以變換其他的射擊姿勢。此外，還有變換隊形訓練。

由於特警隊保護政要時需要因地形不同而經常變換隊形，所以在訓練中，他們要隨著教官的不同口令，反覆地變換著各種隊形。日本特警隊總結出一套如何巧妙地改變攻擊分子進攻方向、竭力降服對方的技術。他們強調要迅速抱住那些靠近政要企圖行兇的攻擊分子的肩膀或腰部，使其改變姿勢，從而迅速降服對方。這種「秘密技術」每天都要訓練大約10分鐘時間。

5.以色列政要保鏢的訓練

以色列重要人物保衛處的成員都是從以色列特種部隊中精挑細選而來的，他們個個身體強健，相貌堂堂，行動敏捷，具有超常的智慧和才能。人人都有熟練的駕駛本領，個個都能熟練地使用通訊設備，精通擒拿格鬥等各種武功。他們出槍快，瞄得準，第一顆子彈擊中目標是起碼

的要求。根據作戰理論，以色列政要保鏢都應該遵從一個基本原則——迅速對刺客作出反應。

保鏢要在刺客射出第一發子彈的時候，迅速反應，立即開槍將其擊斃。保鏢射擊動作必須在1.6秒到1.8秒之間，這是經過電子儀器測量過的時間，凡是在訓練課上沒有達標的人，都不會被重要人物保衛處接納。

重要人物保衛處的官員們還把新隊員訓練的成績以及許多資料登錄電腦，作為考核新隊員是否合格的主要依據。在訓練一段時間後，個別成績較差的新隊員就會被淘汰了。

以色列重要人物保衛處成員除了要學習犯罪學、鑒定技術、護衛技術等基礎課目外，還要進行大量的實地模擬訓練。實地模擬訓練的強度非常大，而且稍有疏忽就會產生意外。

在軍事操練中，新成員通常是以3個人為一組，操練項目是從各種單兵技術到參加各級規模的戰術演練。他們除了要學會熟練掌握手槍、步槍、衝鋒槍等武器和跳傘技術外，還要學習卡烏‧馬格、空手道、拳擊和柔道等搏擊技術，並要學會爆破技術和掌握野外生存能力。

三、格鬥技能是總統保鏢的必備技能

近身格鬥是人類已知的最為古老的戰鬥方式，儘管武器技術在發展，但作為一名總統保鏢，有可能由於環境不允許使用火器，例如當敵人與普通老百姓混雜，而處於需徒手與敵人格鬥的處境，為了完成護衛任務，他就需要在

其身體武器的利用方面進行充分的訓練。器械裝備再好，畢竟是身外之物，不可能永遠伴隨左右，在任何時候都可以信賴的只有自己的體能和身體武器。身體武器永遠不會卡殼、彈藥用盡。若手腳利用得當，就可阻擊襲擊者，擒獲對方或令其當場斃命。

徒手格鬥訓練的目的：在近距離遭受突襲時，近身格鬥訓練將能拯救生命。更重要的是格鬥訓練有助於使人逐漸獲得勇氣和自信，獲得在脅迫下保持注意力的能力。徒手格鬥訓練中包括艱苦努力的身體素質訓練，同時達到精神上和軍事上的要求。

徒手格鬥訓練的總體效果：成功的身體素質訓練可全面提高個人和團隊的身體素質，包括力量、柔韌性、平衡、心肺功能等，建立個人的勇氣、自信、自律、團隊精神。

1. 日本首腦保鏢的格鬥技能操練

日本首腦保鏢的近身格鬥技能非常全面，他們既擅長器械格鬥，又是徒手格鬥的行家裡手。保安特警隊員持有的警棍與眾不同，這種多功能警棍猶如照相機的三角支架，不用時能折疊起來裝入衣兜，使用時打開會變得又粗又長，既可當刀劍，又可當棍棒。這種警棍在無槍械的格鬥中是對付匕首的首選武器，是匕首的剋星。在以警棍與手持匕首的歹徒打鬥時，打擊歹徒持械手的手指、手背、手腕、前臂等肘部以下的任何部位，都能將其刀子打落，之後再制服歹徒。

日本首腦保鏢精通實用性更強的合氣道。合氣道是

一種使用反關節招數制勝的武道，避開對方的攻擊，利用對方的氣力，逆轉對方的手腕或肘部等關節將其摔倒或擒拿。男特警隊員要求具有空手道、合氣道、劍道三段以上水準，必須要有「以一敵三」的格鬥能力。

日本特警隊總結出一套如何巧妙地改變攻擊分子進攻方向、竭力降服對方的技術。他們強調要迅速抱住那些靠近政要企圖行兇的攻擊分子的肩膀或腰部，使其改變姿勢，從而迅速降服對方。這種「秘密技術」每天都要訓練大約10分鐘時間。

2.以色列政要保鏢的格鬥技能

以色列重要人物保衛處的成員都是從以色列精銳部隊中千挑萬選選拔出來的，他們個個精通格鬥擒拿等各種武藝。

以色列特工的格鬥訓練基本上以本民族的傳統武功「卡烏・馬格」為主。該格鬥術是一種相當強悍、實用、兇狠的格鬥技術體系，是以貼身近打為主的綜合性武功。以色列特工在近似實戰化的訓練中也認識到任何一種武功都有自己的侷限性，單一的格鬥術不能保證自己立於不敗之地。

近年來，以色列特工在強化「卡烏・馬格」訓練的同時，注重取他人之長補己之短，吸收融入了柔道技術強化了自己的地面纏鬥技巧，吸收融入了拳擊技術強化了自己的拳法攻擊技巧，吸收融入了空手道技術強化了自己在長距離格鬥上的能力。

以色列特工在格鬥訓練中緊密結合體能訓練、戰術訓

練和毅力訓練，使格鬥訓練的難度與強度不斷提高。嚴格訓練的特工具有強烈的戰鬥意識和必勝的信念。

3.泰國皇家衛隊保鏢的格鬥技能

泰國保鏢的泰拳訓練相當殘酷，他們為了將身體練成攻無不克的利器，在訓練中經常在踢打樹木時使手腳鮮血直流，沙包上也佈滿了鮮血，不但練就了鋼拳鐵腿，而且練就了保鏢的堅強意志和勇猛無畏的戰鬥精神。

泰國保鏢訓練的泰拳與擂臺格鬥截然不同，擂臺競技只准用拳擊、腳踢、膝撞與肘頂，而特工訓練的泰拳是以殺死敵人或使其失去戰鬥力為目的的，除了應用拳腳肘膝攻擊外，還可以用頭撞、撕扯、牙咬、掏襠等方法，無所不用，無所不攻，手法極為兇狠殘忍，實戰性、攻擊性和致命性較強。

泰國皇家衛隊的保鏢一般都是武功高手，例如南部拳王朗塞就技藝出眾，大名鼎鼎，他是泰國皇家衛隊的御用保鏢，因技術全面和拳腿肘膝各項泰拳武器運用自如，而被視為罕見的泰拳天才。此人不但實戰經驗豐富，且技術全面，投摔的技法也非常精通。

4.法國總統保鏢的格鬥技能

法國總統衛隊對保鏢的體能與格鬥能力要求很高，他們需要背著11公斤的重物跑18公里，然後一口氣做完40個伏地挺身；他們要從10公尺的高臺上跳水，從60公尺的高架上攀繩降落。

法國總統保鏢訓練的是他們本民族所特有的格鬥技術「法式拳術」，又叫「法式踢擊術」，他們在苦練「法

式拳術」的基礎上又融入了合氣道、美式拳、泰國拳的精華，使得法國特工的格鬥術訓練不斷發展創新。法國總統保鏢個個武功出眾，而徒手格鬥術在一定時候也能派上用場。2002年7月14日，法國時任總統希拉克在進行國慶閱兵時，被混跡於人群中間的一位殺手持槍瞄準，總統保鏢就是用徒手技法將其擒獲的。閱兵儀式經歷了一瞬間不易察覺的混亂，就恢復原狀照常進行了。

5.俄羅斯總統保鏢的格鬥技能

俄羅斯總統保鏢的格鬥訓練以桑博為主，另外他們還熟悉柔道、摔跤等多種搏鬥技能。

俄羅斯總統的保鏢個個智勇雙全、武功高超、各有絕技。比如說，葉爾辛總統的一個保鏢名叫庫茲涅佐夫，他力量驚人，能徒手將一頭牛掀翻在地，他曾經是前聯總理雷日科夫的保鏢。有一次，他隨雷日科夫總理出行時，一頭牛突然衝向總理，眼看就要撞上雷日科夫，在這千鈞一髮之際，庫茲涅佐夫上前抓住牛角，一下子將牛掀倒在地，雷日科夫安然無恙。

穆斯里穆曾是俄羅斯總統普丁的貼身保鏢，他曾經獲得2004年散打歐洲錦標賽冠軍、2005年第八屆國際武術錦標賽冠軍、2006年第三屆散打世界盃80kg冠軍、2006年江中杯首屆國際武術搏擊爭霸賽KFK超霸王中王、2007年中俄散打對抗賽80kg冠軍。

而俄羅斯總統保鏢所擁有的擒拿格鬥技術也的確被用於護衛現場。1990年11月，是蘇聯的國慶日。那天，莫斯科紅場照例舉行隆重的慶祝集會，戈巴契夫總統站在主

席臺上興高采烈地向人群揮手致意。突然，在離主席臺46公尺處的人群中出現了一個異常現象，一個男子悄悄持槍瞄準了主席臺上的戈巴契夫。

人群在歡騰，幾乎沒有人注意到這裡隱伏的殺機，但總統衛隊的保鏢梅利尼科夫卻將這一異常的景象盡收眼底，他迅速擠過人群，衝上前去，雙手猛地托起男子的槍，槍口向上揚起，數顆子彈射向空中，緊接著他用膝蓋猛烈地撞擊該男子腹股溝，然後奪下其槍，與隨後趕到的5名便衣保鏢一起將刺客擒獲，主席臺上的戈巴契夫和其他領導倖免於難。

6.義大利總統衛隊的格鬥技能

和其他國家把刺客「就地正法」的原則比較起來，義大利總統衛隊的要求顯得別具一格，義大利總統衛隊及其機動部隊「中央安全行動核心」的原則是：活捉罪犯而不是擊斃罪犯。所以，他們特別重視格鬥技術的訓練，也特別強調射擊的準確性，只能射擊犯罪的手、腳，而不能射擊要害部位。他們中的每個人都是擒拿格鬥的高手，精通中國武術和日本柔道。

1982年1月28日，「紅色旅」綁架了北大西洋公約組織南歐盟軍地面部隊副參謀長、美國陸軍準將詹姆斯・L・多齊爾。1月29日，義大利總統衛隊的機動部隊——「中央安全行動核心」在美國和聯邦德國反恐專家的協助下，很快掌握了關押多齊爾的地點。為達到出其不意的效果，「中央安全行動核心」的成員神不知鬼不覺地靠近了關押多齊爾的房子。

一名「核心」成員將門撞開，迅速將正在鎖門的恐怖分子擊倒並制伏。另一名「核心」成員衝進關押多齊爾的房間，看守多齊爾的恐怖分子連忙舉起手槍對準多齊爾的頭部，但就在恐怖分子尚未扣動扳機之際，「核心」成員迅速撲到他身邊，並用槍托猛擊其頭部，然後迅速騎在他背上，用槍口抵住其頭部，將其制服。

「紅色旅」的小頭目安東尼奧手中的報紙還沒有放下，「核心」成員已經衝到了他的面前將其擒獲。另外2名恐怖分子來不及反抗便束手就擒。整個襲擊行動總共只用了90秒鐘，警方無一傷亡。

這次營救多齊爾行動之所以能夠成功，與「中央安全行動核心」隊員們高超的特戰技能以及相互之間默契配合是分不開的，尤其在解救多齊爾那一刻，恐怖分子已經將槍頂在多齊爾頭上，「核心」成員用乾脆俐落的擒拿格鬥動作在關鍵時刻將恐怖分子制服。可以說，義大利總統衛隊的機動部隊──「中央安全行動核心」的成員過硬的綜合素質，是這次營救行動獲得成功的重要基礎。

7.韓國總統保鏢的格鬥技能

因為總統保鏢訓練的內容較多，別的國家的總統保鏢訓練的武功是易學易用的技術，這些技術並不強調需具備長年累月才能培養成功的關節的靈活性和手腳的硬度。但韓國的總統保鏢是與眾不同的，他們在訓練時，常常要花幾小時去練習高位踢腿。在他們的訓練裡還包括用手和腳擊碎木頭、磚塊和水泥板片。

韓國總統保鏢主要是訓練跆拳道、柔道和劍道，韓國

總統保鏢中還有人是重量級職業拳擊手。

韓國總統保鏢非常重視格鬥術訓練。在韓國，多位總統保鏢的格鬥術教練名叫張水玉。1979年6月。時任青瓦台警護室長的車智哲第一個發現了張水玉的超人功夫，他向朴正熙總統推薦了張水玉。在觀看了張水玉的武功表演後，總統當場指示警護室長把張水玉的格鬥術在全軍普及，並把其格鬥術列入到青瓦台保鏢的必修課中，張水玉隨即成了總統保鏢的格鬥術教練。

從1980年10月15日起的22年歲月中，張水玉先後為4位總統的貼身保鏢們當「師傅」。

四、總統保鏢格鬥術的訓練要訣

1.重視環境預警能力訓練

自衛的最好形式是：你不需要使用它。使用良好的判斷力和警惕性進行預防性自衛，這可以使你避免一些潛在的危險處境。那些訓練有素的總統保鏢必定是機敏過人的，如果缺乏對危險的警惕性是無法成為合格的保鏢的。可疑分子下定決心攻擊你的最好時機，就是你對周圍環境毫無覺察的時候。他的優勢是採取突襲的策略，在沒有任何預兆的情況下攻擊你。

因而在任何環境裡面，清醒和警覺意識都是至關重要的。這種心理狀態並非是多疑與恐懼，相反，這種狀態可以由提前思考對策並做出正確的決策避免危險。

警覺性是防禦的第一道防線。你要調動你的直覺，利用周圍的一切資源，找到如何避免潛在危險情況的方法。

如果你能夠在第一時間預感到危險的存在，那麼就可以避免打鬥的發生，而確認歹徒「不軌行為」的能力主要來自於你的下意識。

有時，你可能會隱隱約約感覺到對方不對勁，但是又無法準確地判斷出到底是什麼出了狀況，這種感覺就是可以用於提高生存能力的直覺之一。

不要讓可疑分子靠近你。要知道，很多犯罪分子都習慣於像靈貓一樣進行突然襲擊。平時，你就要設想這種突襲可能隨時發生，那麼你的反應能力就會得到提高。如果對方突然發起攻擊，那麼你也應該立即反擊，而不是先進行充分的準備或者是試圖警告對方。

2.提倡先發制人

總統保鏢在戰鬥時，都會盡可能爭取主動，而不是被動地應付歹徒的攻擊。很顯然，對付暴力最好的方法就是在它發展到實際衝突階段之前就避免它。但是，當事態不可避免地發展到這一步時，保鏢格鬥術提倡你在歹徒攻擊之前先發制人，並乘勝追擊直至擊潰歹徒。而要真正做到「先下手為強」則需要提前反應。

當你預感到對方將要攻擊時，就應該立即進行反應和反擊，打他一個措手不及。

3.重視格鬥精神培訓

在徒手格鬥中，總統保鏢所擁有的最具殺傷力的武器，就是他的大腦。他的靈活的思維，在嚴酷的身心壓力下毫無恐懼、慌張的反應能力是勝敗的關鍵。美國著名私人保鏢湯姆‧穆茲勒說：「如果想在格鬥中取勝，先決條

件便是——敢於直面死亡，能夠正視自己的恐懼和不安。否則，在格鬥場上，他們就不能發揮自己的最大潛力，不會表現出最好的競技狀態，從而很難取得最佳戰果。他們的思慮常常被一些雜念所干擾，並因此而表現得心神不定、惴惴不安。」

總統保鏢必須要開發自己的頭腦，訓練自己的心理素質和反應能力。他必須毫無恐慌地於一瞬間做出反應，從而在格鬥中揮灑自如。

總統保鏢格鬥術要求學員必須有堅強的意志，堅忍不拔的精神，具有將生死置之度外、視死如歸的心理，全力以赴、勇於拼搏的作風。只有這樣才能以精神為統帥，調動全身各部，發揮最大效能，並可克服恐懼、焦慮和急躁情緒，保持自己旺盛的戰鬥力和戰鬥情緒。

4.學習簡潔易用的技術動作

總統保鏢格鬥術動作高效速成、易學易用。它的技術是根據人體的自然反應設計的，在打鬥條件下更迅速，更易於使用，並且僅需短期訓練即可形成反射性動作。雖然總統保鏢培訓的時間非常短，但效果驚人。其科學的訓練方法會很快使隊員掌握常用的格鬥技巧。

總統保鏢主要學習一些簡潔易學的技術動作，並反覆練習一些在打鬥中憑直覺就可以完成的簡單技術，因為這些技術動作在壓力下也很容易發出。要確保你的技術簡潔直接，並除去一切華而不實的東西。要使用你最近的部位來進行攻擊，並且忘掉技巧與優雅。

事實上，當總統保鏢與敵人進行生死搏殺時，他會因

腎上腺素分泌的增加而感到恐懼和驚慌，直接導致運動機能的減少。這就意味著以往學過的複雜的打鬥技術很難實施，他的格鬥則只能靠自身的本能控制。

為了使總統保鏢在巨大壓力下發出極具威力的技術動作，那麼培訓時就務必令總統保鏢明白：敵人身體上易受攻擊的要害部位有哪些，總統保鏢身體哪部分可用作武器來攻擊敵人。總統保鏢與敵人打鬥時，要充分利用他的身體武器，儘量地給敵人的身體造成最大傷害。為達到這一目標，總統保鏢要快捷兇狠地猛擊歹徒的要害部位，儘量做到一招制敵，不能期待有第二次機會。

5. 格鬥訓練以實用為本

總統保鏢格鬥術是沒有固定架式、隨心所欲的綜合博擊術，換句話說，就是沒有成套和神秘的招術、沒有對特定的攻擊做預定的反應、沒有按照程式化設計的技巧。

實際上，想要有效地發揮程式化的技術是很困難的，速度、無序、邪惡、混亂等這些和真正打鬥相關聯的因素導致程式化的技術根本難以派上用場。記住，所有殘酷的搏殺，都是沒有規律的，因此程式化的訓練並不能替代真正的實戰練習。程式化的動作只是作為學習的工具，而不是最終目的。這不是推測，而是被無數格鬥專家的經歷和死亡的詳細報告所證實的。

那些擁有各種不同武術流派高段位的教官認為，當遭遇心毒手辣的暴徒時，受傳統模式訓練的人將難以打敗對方。傳統的訓練往往是瀟灑的、配合的和可預見的，但真正的格鬥卻是醜陋的、危險的和雜亂無章的。

碎石斷磚、華麗的高踢和韓國的下劈腿都令人羨慕，造詣也很高，是值得稱讚的打擊技巧，但是他們有一個共同點就是實用性不強。很多訓練傳統武術的人都認為格鬥術和武術沒有區別，這造成他們的打鬥理念和訓練都與打鬥的實際情況脫節，在危險來臨時，往往茫然失措，付出慘重的代價。

總統保鑣格鬥術要求總統保鑣穿上執行任務時的服裝進行近似實戰的訓練。事實上，總統保鑣在整個訓練過程中都會感到難受，因為訓練都是在近似真實暴力衝突的危險環境中進行的。在夜間進行訓練、在泥濘的地面上訓練、在冰天雪地中穿著笨重的衣服進行訓練，而且有時總統保鑣會在處於饑渴交加、疲憊不堪的狀態進行格鬥訓練。這種訓練能促使訓練者積累實戰經驗，使其格鬥水準迅速上一個新臺階。

6.常用的格鬥技術訓練

在格鬥中，你的格鬥目標就是要阻止歹徒的攻擊或者使對方失去攻擊能力。將目標定在要害部位當然是明智的，而在次要的方面浪費體力就不是正確的選擇了。在壓力下，人體會變得更加強壯而且能夠忍受攻擊。因此，只有特別強悍的攻擊技術才能奏效。

這些技術包括：開掌攻擊面部，如手指戳擊、撕裂、手刀、C形掌法攻擊和推掌技術；用直拳、勾拳、擺拳等攻擊歹徒身體柔軟的部位而不是那些堅硬的部位，如果你一定要攻擊對方身體的堅硬部位，那麼你應該用砸拳實施攻擊；肘法或者是膝法攻擊；低位腿法和跺腳技術；生死

關頭使用的牙咬和挖眼技術；擒摔、誘捕、窒息和關節鎖技，這些技術可以在擒獲不法分子時使用。

特種保鏢格鬥術體系是按照遠踢、近打、靠摔、巧拿，以擒為主、一招制敵的原則確定的。為了使打鬥中技術變換順利，保鏢格鬥術設計者將關節封鎖技術、點穴術等綜合編排，以使保鏢能在整個打鬥過程中控制犯罪嫌疑人。為了避免打鬥中失去對犯罪嫌疑人的控制，格鬥術使用了一種技術性的戰術。

在變換技術時保鏢格鬥術同時實行打鬥方向的變更，迅速有力地從一個關節封鎖轉換為另一個關節封鎖技術，同時配合點穴技術的應用。對犯罪嫌疑人使用關節封鎖技術後配合使用點穴技術的效果很好。

不管怎樣，如果犯罪嫌疑人企圖掙脫保鏢的控制，關節封鎖與點穴（脈）技術會讓犯罪嫌疑人感到劇痛難熬。如果犯罪嫌疑人不做反抗，他的疼痛感就很輕微，隨後，他就變成了你的階下囚。

第二章
隨身保鏢的分類及護衛方法

第一節　駐地護衛

駐地護衛又稱為封閉式護衛，是一種以護衛對象駐地為主要工作環境、以周邊活動區域為半徑的一種服務性質較強的護衛工作。為了防患於未然，確保護衛對象在駐地安全生活，就必須深入地瞭解周邊的環境，對可能發生的危機有一個具體可行的應對辦法，針對可能發生的突發事件做好應對預案。

一、駐地護衛的要素

1.基本情況的瞭解

第一，要瞭解護衛對象的基本情況。如護衛對象的體貌特徵、身體健康狀況、個人風俗習慣以及生活禁忌。

第二，要瞭解駐地（賓館、酒店、別墅、民居、官邸）地理及周邊的相關情況。如要瞭解最近的報警點和最近的社區、醫院的具體位置和路線。要熟悉駐地附近的交通情況。要留意距離駐地400公尺以內的制高點的一些情況，防止遠端槍擊事件。

第三，要瞭解駐地內部的情況。如果護衛對象入住賓

館，保鏢就要明確賓館的秘密頻道的方位，各層樓的樓梯出口、電梯口、護衛對象房間的門窗的位置等。如果護衛對象居住在別墅、民居等私人居住場所，保鏢要熟悉整個建築通道的情況，留意建築的結構、瞭解建築內的安全消防工具等。

第四，瞭解駐地相關人員的基本情況。如果護衛對象居住在酒店，保鏢就應當留意入住酒店的大概人員情況，如果突然間有與環境不相符的人員主動接近護衛對象，就應當立即警覺。

如果護衛對象入住別墅或者是民居，此時就需要及時瞭解所有相關人員的基本情況，迅速記下所有人的基本面部特徵，觀察他們的言行舉止和行為習慣。

2.駐地安全排查

保鏢在護衛對象入住前，需要對駐地進行詳細的安全排查。

首先，要對室外附近進行安全排查，順序是從前到後，每一個設施都要仔細觀看，儘量保證無安全隱患、無竊聽偷拍的現代監控工具。

其次，無論是別墅、民居，還是賓館、酒店，室內搜查的順序基本一致，都是對每一個房間進行排查。

3.突發事件的預案、處理和善後工作

在接到隨身護衛任務後，還要根據可能發生的突發事件設計一兩套處理危機的預案。如果發生了槍擊、爆炸等惡性事件，就需要保鏢保護護衛對象迅速撤離險境。

首先要保持鎮定，觀察周圍環境，判斷所採用的預定

撤離方案是否合時宜。

同時，還要注意以下幾點：選擇脫險方向、確定目的地、及時通報情況。

二、駐地發生緊急情況的護衛方法

1. 有人向駐地投擲物品的現場處置

當有人向護衛對象駐地投擲物品時，特種保鏢應及時查明所投擲物品的性質，立即果斷地進行處理，並將投擲者擒獲。

如投擲者已離開，應記準投擲物品發現的時間地點，保護現場，報告上級部門處理。若是爆炸物，一定不要去碰，不要抱有僥倖心理，應立即保護護衛對象離開危險區域，並通知有關部門將其排除。

2. 有人翻牆入院的現場處置

當看見有人翻牆進入護衛對象駐地時，應迅速將其擒獲，查明企圖，及時向上級領導請示報告。同時控制好重點部位，確保護衛對象的安全。

3. 有人衝擊駐地的現場處置

當單個或群體衝擊護衛對象駐地鬧事時，特種保鏢要勸說其離開駐地，並組織力量形成防護人牆，防止鬧事人員闖入警戒區。

同時，迅速將情況報告上級，按領導的統一指示行動，必要時調動機動力量控制事態。處置中要與相關部門配合，查明原因，有針對性地進行工作，教育群眾，孤立為首分子和主要成員。

4.火災事件的緊急處置

當護衛對象駐地發生火災時，應首先保護護衛對象撤離危險區，火災開始時，要一方面組織力量積極撲救，一方面迅速報警和報告上級。同時加強戒備，嚴密監視周圍情況，防止不法分子乘機破壞。

5.爆炸事件的緊急處置

當護衛對象駐地發生爆炸時，應首先組織力量保護護衛對象脫離險區。如護衛對象受傷，應當立即進行救助或送往醫院搶救治療。在採取緊急救助時，要注意保護現場，盤查可疑對象，抓獲敵對分子，並迅速報告公安和消防部門查處。

6.駐地遭到武裝襲擊的緊急處置

護衛對象駐地遭受敵對分子武裝襲擊時，特種保鏢應堅守各自崗位，阻擊歹徒，迅速報告上級領導。

要臨危不懼，盡力將敵擒獲或擊斃，確保護衛對象及其駐地的安全。

7.駐地停電的現場處置

當護衛對象駐地突然停電時，保鏢應迅速對要害部位進行警戒，注意保護護衛對象，並使用強光手電筒、應急照明燈等實施應急照明，同時快速查明停電原因，組織搶修，恢復照明。

8.中毒事件的緊急處置

發現護衛對象出現噁心、嘔吐、腹痛、腹瀉、發燒等食物中毒症狀時，要冷靜地分析發病原因，立即組織醫護人員就地搶救，並儘快送往附近醫院進行相關處理。隨身

保鏢在急救護衛對象時，要保護好現場以備檢驗。若是不法分子的投毒暗害，要及時報告上級部門查處。

第二節　隨車護衛

隨車護衛又稱為流動護衛，是護衛人員保護護衛對象乘坐交通工具從出發地到目的地的一個護衛過程。

一、隨車護衛的要素

1.出發前的準備

在乘車出發前必須做好以下三項工作：

①應當檢查應該攜帶的物品是否齊全。

②在離開房間前，保鏢需要記住臨走時室內所有物品的擺放位置或者留下一些特殊標記（留記憶）。

③檢查車輛，防止敵對分子在交通工具上安裝爆炸物等。

2.乘車護衛

行車路線的選擇：

其一，行進路線拐彎少、慢行少、停車少。

其二，行進路線附近公安、武警、政府要地等警備力量較多。

其三，行進路線周邊高層建築少。

其四，行進路線附近應當有一些醫療機構。

行車車輛的安排：應當有護衛車、護衛對象用車以及備用車。

3.停靠車及下車護衛

到達目的地停車時，車輛不要成一排停列，尤其在賓館門前停車道上，其他車輛應該停在停車道的出口和入口外，將出入口讓出，以便臨時撤離。在情況不明的條件下，所有車輛應當保持發動狀態，待確定安全後再熄火滅車。

當車停下後，就需要保鏢下車查看周邊環境是否安全，尤其需要注意周邊400公尺範圍之內的高層建築上是否有可疑情況。

如果沒有任何可疑情況，便可以要求護衛對象下車。當護衛對象下車後，所有人員就需要按照護衛戰術圍繞在護衛對象周圍，以防止各種意外情況發生。

二、行車途中發生緊急情況的護衛方法

1.途中遭受襲擊的緊急處置

行車途中遭到槍械襲擊時，隨車保鏢應迅速辨明槍手所在位置，用火力壓制住歹徒，保護主車脫離險境；主車保鏢即用身體保護護衛對象趴下隱蔽。

如主車司機和隨身保鏢均已中彈受傷，其他保鏢應設法替換主車司機將車駛離危險之地。如主受損無法開動，應設法保護護衛對象換乘其他車輛離開現場。如護衛對象負傷，應對其進行簡單包紮後，立即送往附近醫院進行急救。

2.途中遇有爆炸的緊急處置

行車途中遭遇爆炸時，如主車沒有被炸壞，還能行

駛，特種保鏢應帶領車隊迅速離開爆炸現場。如主車被炸壞，無法開動，保鏢應保護護衛對象換乘其他車輛離開爆炸現場。

如主車、隨員車均被炸壞，特種保鏢應在護衛對象周圍形成防護圈，並保護護衛對象撤離爆炸現場。如護衛對象被炸傷，應設法迅速護送護衛對象到附近醫院搶救。

3. 遇敵駕車衝撞的緊急處置

在行車途中，當敵對分子駕車迎面向車隊撞擊時，前衛車應加速進行阻截，或直接向敵車撞擊。還可以將車停在歹徒車輛行駛路線上，以車體做「盾牌」保護主車安全，後衛車帶領主車迅速脫離險境。

當敵車從側面撞擊時，若前衛車已駛過，後衛車應馬上加速插入敵車與主車之間，掩護主車迅速離開險境。當敵車企圖從後面撞擊時，後衛車應搶佔有利路線，同時採取強行別壓的方法，迫使歹徒停車，前衛車應帶領主車迅速離開危險區域。

4. 被人攔車的現場處置

在行車途中遇有人攔車時，原則上是不停車、不開車門、不下車。

如果僅一人攔車，造成主車停車，隨車保鏢要鎖緊車門，後衛人員迅速下車解決，前衛車和主車應立即駛離現場，攔車人交由線路執勤人員負責解決，如果沒有線路執勤人員或需要留人處理時，由後衛人員負責解決。如遇有群體性攔車，造成主車無法駛離，前、後衛人員應迅速下車，在主車周圍形成保護圈，隨車機動力量負責打開通

道，保護主車脫離現場。

5.主車發生車禍的緊急處置

在行車途中主車發生車禍時，主車保鏢應注意保護護衛對象免受傷害，並迅速駛離現場。

如主車受損嚴重無法行駛，保鏢應保護護衛對象改乘備用車或其他車輛駛離現場，隨車機動人員應迅速上前，協助護衛對象脫離現場，並留人處理善後工作。

6.被障礙阻車的緊急處置

行車途中發現有障礙阻車時，前衛保鏢應提高警惕，仔細觀察周邊情況，採取排除障礙或繞行、改道等措施，迅速駛離現場，防止敵對分子趁機進行暗害活動。

第三節　現場護衛

現場護衛又稱為開放式護衛，是護衛工作的重點，也是最容易出現突發性事件的地方。現場護衛都是保鏢保護護衛對象在某一固定場所參加某種活動。

一、現場護衛要素

1.現場隨身護衛調查

其一，收集活動現場相關的地理環境資訊。

其二，瞭解活動的政治、經濟背景以及相關的情況。

其三，瞭解參加本次活動人員的基本情況。

2.現場隨身護衛

在複雜的活動現場，可以採取一些隨身護衛技戰術，

將安全風險阻擋在護衛對象之外。從戰術意識上講，應該在護衛對象與其他人之間設定一個警戒距離，這要根據周圍的人員而定。

倘若本次活動的人員較多，那麼最低限度應保持在1.5公尺左右，保鏢要將護衛對象與危險隔離開來。倘若人員密度不大，那麼警戒範圍放大到3～5公尺。

二、活動現場發生緊急情況的護衛方法

1.被敵槍擊的緊急處置

在活動現場，護衛對象被敵對分子開槍射擊時，隨身保鏢要迅速判明情況，果斷進行處置。如兇手是近距離開槍，隨身保鏢應以身體掩護護衛對象上車或離開危險之地，若護衛對象受傷，應立即送往指定醫院搶救。

負責現場安保任務的人員應迅速制服槍手，控制要害部位，維護現場秩序，積極配合隨身保鏢完成轉移任務。

如兇手遠距離襲擊，隨身保鏢應全力保護護衛對象離開險境。現場執勤人員要迅速判明槍手的位置，堅守崗位，嚴格控制通道、門口等要害部位，組織力量掩護護衛對象轉移到安全地帶，維護現場秩序，並派出機動力量搜捕槍手。

2.現場發現爆炸物或發生爆炸的緊急處置

在護衛對象的活動現場發現爆炸物後，隨身保鏢負責保護護衛對象離開險境，其他保鏢、機動力量應迅速設立警戒區域，同時設法排除爆炸物。

如發生爆炸，隨身保鏢應奮不顧身地保護護衛對象迅

速轉移到安全地帶，現場安保人員、機動力量應迅速控制要害部位，並搜捕兇手。同時，疏導群眾有秩序地離開爆炸現場，積極救治傷亡人員，保護爆炸現場。

如護衛對象受傷，隨身保鏢應及時將其護送到預先選定的醫院進行治療，對搶救治療的醫院和病房加強警戒，防止兇手繼續追殺。

3.遇敵持刀行刺的緊急處置

遇敵持刀行刺時，隨身保鏢應挺身而出，以身體掩護護衛對象，可採取邊抵抗邊撤離的戰術行動。

其他保鏢應迅速靠攏，控制歹徒，協助維護現場秩序，保護好現場。

如護衛對象被刺傷，保鏢或現場醫務人員應進行包紮，並立即送往預先選定的醫院進行治療。

4.發生擁擠的緊急處置

護衛對象的活動現場發生群眾圍觀擁擠、道路阻塞、影響正常活動或危及護衛對象安全時，保鏢應迅速在護衛對象與人群之間構成護衛圈，並做好宣傳、疏導工作，全力打開通道，保護護衛對象離開現場。

其他保鏢應立即向護衛對象身邊靠攏，形成第二層保護圈，掩護護衛對象撤離，機動力量應迅速疏通撤離通道，並維護好現場秩序。

此種情況下，保鏢要保持高度警惕，發現神態慌張、行為詭秘或攜帶物品的可疑人員，要特別注意觀察其動向，及時引導護衛對象遠離可疑人員。同時，積極準備採取預防措施，防止其突然襲擊。

5. 遇有上訪、告狀的現場處置

如果發現有上訪、告狀模樣的人員時，保鏢應嚴加控制，防止其靠近護衛對象，其他保鏢應立即進行勸阻，由現場執勤人員負責使其遠離護衛對象。對向護衛對象遞交的告狀信或其他物品，保鏢可答應代其轉交，經檢查後交有關部門解決。

6. 火災事件的緊急處置

護衛物件的活動現場發生火災時，如火勢不大，能迅速撲滅的，應快速組織力量將其撲滅。火勢較大時，應迅速保護護衛對象離開危險之地，現場保鏢要立即報警，疏導群眾有秩序地撤離，並監視周圍情況，嚴防敵對分子乘機進行破壞活動。

7. 停電時的現場處置

護衛對象活動現場如在夜間突然停電，保鏢應迅速在護衛對象周圍形成護衛圈，用應急燈或電筒照明，保護護衛對象轉移到安全場所，並督促現場有關部門迅速查明原因，設法搶修，恢復照明。

第三章
保鏢自我防衛術

第一節　防跟蹤

近年來，被跟蹤事件數量呈上升趨勢。這一術語通常用來指某人迷戀他人或對他人存有惡意，然後一直尾隨他們。然而跟蹤者經常不滿足於單純地跟蹤他們的目標，他們會對目標進行身體襲擊、侮辱，甚至對目標進行劫持和使用暴力。

8%的美國婦女有被尾隨的經歷，每年有140萬美國人在悄悄尾隨受害者。大多數尾隨者與受害者都有關係。與丈夫分居的婦女被尾隨的次數可能是離婚婦女的3倍多，其中4%的婦女最終被謀殺。

根據聯邦調查局的統計，跟蹤和激情犯罪在分居期間發生得更頻繁，其中包括殺人。

1.確定自己被人跟蹤的方法

當你發現身後有人行跡可疑，難以確定他是否尾隨自己時，你可以這麼做：當你轉身注意他時，他不自然地裝作若無其事；當你繼續前行時，他跟著前行；你走過馬路那邊，他跟著過；你再走回馬路這邊，他仍然跟著；你在安全的地方停下來，他在附近磨蹭不走。

如果符合以上幾點，說明你已經被跟蹤了。做以上動作時，要儘量自然，以免引起壞人的警覺。

2.發現被尾隨後的脫險方法

①如果你在陌生之地感覺被跟蹤了，立即找一個「避難所」。你可能只是過於敏感，但保持警覺永遠比留下遺憾要好。如果是夜晚，要向附近住戶、商店、超市等人多的地方走去，然後打電話與親友聯繫，情況緊急要立刻撥打110報警。

②逃跑，在大多情況下都是生存的最佳選擇，在很多生命受到威脅的情況下，脫離險境就是要求你逃離。在很多情況下，襲擊者會追蹤你。你可以迅速跑開，但必須向附近的警察局跑，或向有行人、有人群的地方跑。

③如果你發現自己被追蹤，而且被抓住的話就會沒命，此時你跑步的能力成為決定你生死的關鍵因素。在擺脫攻擊者時要做到：邊跑邊向前看，留心你的周圍。不可回頭看，回頭看不但會讓你減速，而且會增加被你面前的物體絆倒的概率，或者被車輛撞倒的危險。速跑時要對環境保持警覺，特別要留意路上有沒有你可以用作障礙物來減緩追蹤者速度的物體或物品，比如垃圾箱。在感覺到攻擊者將要迫近你的瞬間突然變向。隨著跑動大聲喊「救命」，引起附近的人注意，壞人一般還是做賊心虛。如果追你的人不在乎被人發現，朝人多的地方跑，當你來到公共場所時，想辦法快速混入人群。

④如果實在來不及跑開，或前路个通，你可以迅速觀察周邊的情況，尋找一切可以利用的物品作為武器，或

尋找有利於自己的位置站定，與歹徒正面相視，厲聲喝問歹徒，用自己的正氣壓住歹徒，再爭取時間想其他辦法逃脫。最直接的方法是立即大聲呼喊，引來附近的人。如果無人見義勇為，你只有應用你的格鬥能力來保衛自己。

第二節　取款時的防範

搶劫犯最常用的方法是在取款機旁邊等待或者尾隨取款者，而後實施搶劫。搶奪銀行取款人員的犯罪分子一般是團夥作案，一人進銀行選擇作案目標，偷窺提款數額，其他人員乘坐摩托車、汽車在銀行外等待。

搶劫案是非常惡劣的，並且有時襲擊、搶劫、兇殺是整個案件的組成部分。

如何預防銀行取款後被搶劫

提取現金數量較大時，最好多人同行，一人注意周邊情況，時時給予安全提醒，並在取款後與取款人若即若離地保持一段距離一同走出銀行，這樣能有效震懾歹徒，防止搶劫案的發生。

在取款後儘量表現出平常心態。如果你表現出來與平常不同的心態，如驚慌、時不時摸錢袋等，就有可能被歹徒注意到。

在櫃檯上清點現金，並儘量不要讓別人看到，取完錢之後不要太高調，不要在營業大廳肆無忌憚地數錢，這樣「炫富」的行為，很容易被歹徒作為下手目標。取完錢之後，最好乘坐封閉式交通工具快速離開。不要把裝錢的包

放在自行車或電動車的車兜裡。

不要用銀行提供的專門袋子、廢報紙、塑膠袋裝錢，因為這往往「暗示」別人自己攜帶大量現金了，很容易被歹徒跟蹤、搶劫。可以選擇用斜挎包裝錢，取完錢之後一手護住包身，一手緊握背帶，這樣劫匪是很難下手的。

銀行門前是危險境地，儘快離開，然後直接回家，不要中途停車吃飯購物。

走近自動提款機前，先留意一下周圍是否有可疑人物，取錢時最好與同伴一起前往。最好在公共場所使用自動提款機，晚上儘量不要取款，因為犯罪分子最喜歡在黑夜和隔絕的環境中實施搶劫。

一些罪犯專門研究那些有規律使用自動提款機的人。因此，不要按確定的時間使用自動提款機，要經常改變使用自動提款機的日期和時間。

在取款時，要當心身邊鬼鬼祟祟的人；離開時，要注意有沒有人跟蹤，特別要注意突然在路上來回穿梭的摩托車、電動車。如果發現異常情況要及時躲避。

第三節　防性侵

印度的強姦案發生率極高。根據印度國家犯罪紀錄局的資料，印度紀錄在案的強姦案件由1971年的2487起增至2011年的24206起，增長率為873.3%。平均下來，每22分鐘就會發生一起強姦案。為了提高女性的保護能力，南德里市政府對轄區內548所公立學校的女學生和女教師

全面實施防身術訓練。

　　強姦是一種違背被害人的意願，使用暴力、威脅或傷害等手段，強迫被害人進行性行為的一種行為。當被害人因為酒精或藥物、宗教之類的影響，而無法拒絕進行性行為時，與其發生性行為也被視為強姦。

　　強姦是非常常見的一項犯罪，它嚴重摧殘了女性的身心健康，破壞了正常的戀愛婚姻家庭關係，損害了社會的安全感，導致一部分受害女性的墮落。據美國國家犯罪受害者調查中心的研究顯示：大約66％的強姦受害者認識襲擊者；大約48％的受害者是被朋友或者熟人強姦的；30％是被陌生人強姦的；16％的人是被親密的人強姦的；2％是被親戚強姦的；4％的案件關係未知。

　　強姦犯可分為攻擊型、淫慾型、衝動型3類。前兩類一般都是預先謀劃好的，對施暴的時間、地點、目標做了精心選擇、縝密考慮，危險性較大。

　　攻擊型以暴力性質嚴重而較罕見，案犯仇視女性、心毒手辣，往往致受害人嚴重傷殘，甚至殺人滅口。

　　這種人多是受過異性侮辱、傷害或拋棄的人，為了發洩不滿，尋求心理平衡，而伺機報復，歹徒往往還把報復的範圍擴及社會上的其他異性，以極為殘忍的暴力手段作為羞辱、貶低、征服女性，補償個人損失的特殊方式，其強姦的目的主要是損害婦女。攻擊型強姦在強姦案件中較為常見。

　　淫慾型強姦犯較常見。他們性慾強烈，以單純追求性快感作為人生最大的幸福。

　　與攻擊型不同的是，他們在作案時的態度外強內弱，一般不採用暴力傷害女性的手段，而企圖以威脅或較小暴力達到性愛的目的，儘量享受性快感。

　　衝動型往往緣於偶然因素引起的性衝動，一般具有臨時起意等特點，如某攝影師在為某女子拍婚紗照時，見其容貌姣好，竟然起了色心。隨後他利用拍攝寫真照片之機，將該女子強姦。這種人膽小怕事，在受到被害人反抗時就可能放棄侵害行為而逃走。

　　強姦案多發生在夏天，這時女性一般衣衫單薄，身體裸露相對較多，女性的身體曲線畢現，這對心術不正的人無疑是一種刺激。

　　夏天炎熱，女生夜生活時間延長，外出機會增多；夏季容易找到作案場所；夏季綠樹成蔭，罪犯作案後容易藏身或逃脫。夏季有的女性睡覺時不關門窗。同時，一天24小時，強姦案的發生也有規律，高發時間段是晚上7點到第二天早晨的6點，這一段時間就是整個黑夜，這個時候的性侵害案件也多，這叫雙重高發，也就說8月份再加上晚上的7點到早上6點是強姦案的高發時段。

怎樣防範強姦

　　不要與行為不檢點的男性交往，以免受其誘導和潛移默化的影響。不要被男人的花言巧語和物質利益所迷惑。若發現男性的挑逗、輕浮言行，要態度鮮明，及時斥責，設法擺脫。

　　不要傳看淫穢的書刊、畫冊、影片，不登錄淫穢網站等，特別是男人給予的。與他人傳看淫穢物品的人往往思

想骯髒。不要與男性一起談論涉及色情的笑語、趣聞等，如果是與單個男性在一起時更要杜絕。

　　不要輕易接受男性的物品，警惕你不信任的男人為你遞上的茶水、飲料，以防被其下藥。與男性交往時，切勿飲酒，更不能過量，以防止酒後失身。夜間不要單身去男性家中、宿舍或辦公室，如果確有必要，要有人同行或者有所戒備，更不能在單身男性家過夜。

　　當患病或有其他原因時，不要輕信神醫、神漢、巫婆或者有特異功能的人透過做愛、隱秘部位的按摩進行所謂的治療，那絕對是騙人的。參加招聘應徵時，不要進行單個男人所謂的體檢，小心美麗的陷阱。

　　公共場所穿著不要太性感，舉止不要輕浮，不要濃妝豔抹，否則容易成為色狼的目標。

　　女性夜間出去，衣著打扮要適度，特別是不要穿不利於行走的高跟鞋和緊身裙，否則遭遇危險難以逃離。夜晚不要與陌生男人同行，外出活動時應結伴而行，夜間不要在室外長時間活動，不要到過於偏僻的角落活動；夜晚不要走無燈、無人的道路。這樣，可避免不必要的案件發生。不要隨意搭乘男人的車輛，防止落入壞人圈套。

　　防止「約會強姦」。第一次約會時間不要太長，自己解決赴約和來回的交通，穿著要得體。在給出自己的資訊時要謹慎。在深夜或是喝酒後，把一個自己不太瞭解的男人邀請到家裡可能會給對方以錯誤的暗示。

　　單身女性在家要關好門窗，因為對於絕大多數家庭來說，門窗是壞人入室作案的唯一通道。

遇到不懷好意的男人挑逗，要及時斥責，表現出自己應有的堅定和無畏；如果碰上壞人，就大喊和逃跑。在採取上述方法之後，歹徒也許仍然會強暴你，處於這種情況，就要用武力來制止了。歹徒在施暴時是最易受到攻擊之時（譬如，在他脫衣時），而受害者在必要的時候，應該判斷何時是反擊的最佳時機。

第四節　防搶劫

搶劫案件主要發生在夜間城郊道路、城區居民社區道路（樓梯口）、公園偏僻處等地，主要針對單獨行人或戀愛男女，歹徒往往持有兇器攔路或尾隨作案，也有的在停車場地伺機搶劫汽車司機。

防範搶劫的方法

①提高防範意識，儘量不要夜間單獨外出，不去行人稀少、環境陰暗、偏僻的地方（如山區樹林等地）閒遊、散步或談情說愛。

②放學、下班回家途中，儘量結伴而行。發現有人跟蹤或窺視，要鎮靜，不要露出膽怯神態，並改變原定路線，走向人多地方聯繫家人、親友，情況緊急的也可直接打110報警。

③女性挎包不要單肩背，要斜挎在身上，以防犯罪分子搶包。

④外出旅行時，現金或貴重物品最好貼身攜帶，不要置於手提包或挎包內。不要讓人知道你攜有鉅款或貴重物

品等，以防被搶。

⑤大多數街頭搶劫的發生是由一個或多個歹徒作案，他們採用最簡單的方法是詢問時間或一些其他問題。如果遇到問事、問路、問時間的人，你不要停步，要繼續走並禮貌地拒絕。你可以說很忙。

⑥如果一個陌生人和你搭訕，你要保持警惕，他可能是搶劫犯的幫兇。在公共場所遇到乞丐強行乞討時，可以拿點零錢給他，但不要從你的錢包裡取零錢。

⑦遭遇搶劫、尤其是遇到多人搶劫，儘量不要和他搏鬥。很多人受到傷害，是因為他們愛財勝過愛惜自己的生命。注意觀察作案人，儘量準確記下其特徵，如人數、身高、體態、衣著、語言及特殊特徵等。歹徒逃離後要及時報案。

⑧帶上一個舊的錢包或皮夾子，裡面裝著幾張紙幣形狀的紙，上面放一張面值較小的鈔票。將這個舊錢包放在顯眼之處。沒有一個搶劫者會在附近停上很長時間來查看他從你那兒搶到了多少錢。

第五節　防入室搶劫

入室搶劫一般是由偷盜財物的意圖促成的，綁架的事情也很少發生。將一個私人住戶作為目標要比搶劫商業機構安全得多。與搶劫商店不一樣，入室搶劫不太可能被巡邏的員警或進入事發地的行人打斷。一旦劫匪控制了住宅，他們就會強迫受害人打開保險箱、指出藏匿的錢財、

交出汽車的鑰匙，並說出銀行卡的密碼。

入室搶劫者會設法延長他們的逃離時間，比如搶掉手機、弄壞電話，有時也會捆住房主或將其打成重傷。劫匪將貴重物品裝上居住者的車，然後開車逃離，卻沒有引起鄰居的注意，這種事發生過很多。

對於入室搶劫，沒有標準單一的應對策略。有些物品會幫到你，但最終取決於你個人的選擇，而你的選擇所依據的是你個人的自衛能力以及對眼前危險程度的評估。但如果你還記得保全生命才是目標的話，你就可以選擇忍受。

入室搶劫其常用的手段有敲門、假裝推銷商品、推銷保險、查水電、送郵件等進入住宅，也有採用爬窗、撬門等入室手段的。許多入室搶劫案是由入室盜竊案轉化的，比如在夜間偷盜時，居住者被驚醒發現盜賊，或者在白天撬門入室盜竊時，居住者回家與盜賊剛好撞見，都有可能由偷盜轉化為搶劫。從案犯角度分析，其初始主觀意圖是想獲得財物，並不想傷害居住者，即搶劫並不是案犯的初始想法。但在作案環境發生改變的情況下，往往會為了鞏固自己已經取得的財物或者防止自己被抓獲和傷害而對居住者實施暴力。

1.防止歹徒進入房間

①你的電話號碼、家庭位址或家人情況不要隨意告訴你不相信的人；回到家後，要關好門窗。有人按門鈴、敲門，先從貓眼觀察，並問清楚對方的身份情況再開門。

②不法分子一般謊稱是修水電、管道、抄水錶、做保

險、某公司的問卷調查員之類騙你開門。不法分子進入居室後一般先盤問什麼人在家，確認家中沒有別人時，便掏出兇器實施搶劫。鑒於此，遇有陌生人敲門時，一定要警覺，嚴加查問，獨身一人在家時儘量不給陌生人開門。

③平時，不知根知底的人，不能隨便往家裡帶。無論是白天還是夜晚，都不要忘記關好門窗，尤其是炎熱時節，同時要處理好鄰里關係，遇事相互照料、互相幫助。

④當你在上下樓之間、樓梯口或院子門口遇到陌生人時，要提高警惕，勿與陌生人同進樓，必要時，主動詢問，防止歹徒突然襲擊。夜間單獨回家，開門前要警覺，防止不法分子尾隨入室搶劫。

2. 歹徒已進入房間

在目標尾隨以及他們的日常活動路線被歹徒詳細瞭解之後，攻擊就可以開始了。有時全副武裝的入室搶劫者會直接將門踹開，強行進入居室，然後對付室內發現的任何人，但這種情況很少發生。他們會使用各種詭計讓你打開門。

若不法分子已經進屋，要保持鎮靜，儘量不要與其發生正面衝突，想辦法將不法分子引到室外，如有機會也可以迅速躲進另一房間，鎖好門並向窗外呼救，並迅速撥打110報警。

如果無法逃離，你應當做一次即時威脅評估，他（他們）為什麼進入房間？他們想傷害我的家人或我嗎？我能打敗這個人以便讓他們屈服或者使我逃離嗎？搏鬥或順從，取決於你做的威脅評估。

如果你決定抵抗，那就快速猛擊歹徒的鼻子、眼睛或咽喉。當不法分子受擊遲滯或昏過去的時候馬上逃離。但是，如果你的身體無法進行有效打擊的話，冒險抵抗也許會為你招致更大的災難，特別是不法分子帶著武器而你赤手空拳時更不要冒險。有可能的話給些錢財讓他們離開。永遠不要為了錢財而不顧自己的生命。

3.遭遇暴力

入室搶劫者的常用手法就是瞬間控制居住者，根本不會顧及居住者的年齡。一旦闖入你家，他們就變得具有攻擊性和危險性。入室搶劫最可怕的暴力發生在最初1分鐘，如果能讓居住者感到恐懼，那就有了一個成功的開端。除武器外，入室搶劫者常常攜帶著繩子、膠帶等將居住者捆綁住。

大多數情況是入室者會選擇一名家庭成員進行毆打，目的是讓所有居住者絕對服從。如果發生這樣的事情時，挨打者不要直視攻擊你的人，或者與他們交談、爭論，自己要表現得沒有威脅，以消除歹徒最初的狂暴與興奮。遭受攻擊時，應該將把身子蜷縮成一團，用雙臂遮護頭面部。假裝自己傷勢嚴重，甚至還可以裝作昏死過去。

劫匪可能會將家庭成員分關到不同的房間，對居住者進行心理控制。這時，居住者要讓入室搶劫者相信他們已經成功地取得了統治和控制地位。這樣既可以限制身體暴力，還會讓你得到更多的時間和逃脫機會。

雖然受到毆打或看到自己的親人受到毆打會讓你難受，但現在是保持警覺和收集可以用來反抗劫匪資訊的時

候。在你制訂生存計畫並最終逃脫的時候，這種資訊很有價值。你可以發揮聰明才智來哄騙劫匪，為自己贏得逃脫的機會。

第六節　防劫持汽車

劫持汽車是指強行竊取一輛正在使用的汽車，這類案件越來越多。有些劫車案是非常惡劣的，並且有時攻擊、劫持、殺人滅口是整個案件的組成部分。劫車一般發生在十字路口，或大型商業停車場，在受害人進車或下車之時。

根據美國聯邦調查局的資訊，75%的劫車事件中搶劫者會使用武器，主要是槍支或刀。

如何預防歹徒搶劫，自衛專家認為駕駛員首先應瞭解一些歹徒作案的特點，然後採取相應的防範對策，才是預防歹徒搶劫的有效途徑。

在以下地方時要特別警惕：

①自動提款——劫車者可以同時搶到錢和車。

②加油站——劫車者可以搶到一輛加滿油的車。

③犯罪頻發地區。

④人跡罕至的的道路（農村）。

⑤你必須停車的十字路口。

⑥停車場中的孤立區域。

⑦住宅的車道和大門口。

⑧高速公路出口和入口的匝道。

1.劫匪劫車的策略

學習劫匪使用的策略會幫助你決定應當採取什麼防禦措施來避開他們。

故意撞車。劫車者使用的一個策略是從後面撞你的車,尤其會用在僻靜之處的道路上。遇到此類事故,通常你都會停下車,與撞車者理論或商量修車事宜。不過,如果你看出撞車似乎是故意而為之,就要慎重,觀察坐在肇事車上的人,特別是如果你看到車上有多人。這種詭計常常由兩個或更多的小夥子實施。

假裝尋求幫助。一輛車似乎在路上發生了故障,其中一個劫車者會示意讓你停車,而另外一個劫匪則佯裝受傷靠近汽車。一旦你停下來欲幫助歹徒,他們就會向你撲來。再次重申,我並不是在提倡不要向那些遭遇困難的人伸出援助之手,但要根據具體情況而定。在停車提供幫助之前要謹慎,並立即打電話報警,報告情景、方位、涉及汽車的數量和受傷的情況。

欺騙。當一輛車與你齊頭並進或閃燈時,顯然是想告訴你:你的車出毛病了。他們會說在你的車後拖著一個東西,甚至會說你的車著火了。常常說一些需要即刻處理的事情,目的是讓你立即在路邊停車。一般情況下,說得越嚴重,就越離譜。因此要謹慎,並且相信你的直覺,讓你保持高度警覺。

陷阱。他們跟蹤你到家,並等著你將車開進私人通道,或者在關閉著大門的社區前蹲守。當你停車或等待大門開啟的間隙,他們就會伏擊你。在這種情況下,劫匪會

從後面開車上來，攔住受害人的車。

假裝員警。劫匪身穿警服，假裝執行公務，伺機劫財劫車。

突襲。與你說話、打開你的車門並且把你猛地拉拽下來，有些劫匪就是這麼簡單粗暴。通常這不會發生在十字路口，因為這時很可能車子是在行駛中的。它可能發生在停車場，就在劫匪看到你的車子開著，但你卻被短信或什麼事情搞得走神的時候。

2.被劫前的預防

永遠記住：劫車者靠的是攻其不備。所以，預防首先要做到的是在高風險地區小心謹慎。即不接打電話、不要隨著音樂在座位上扭動身體。此外還要鎖住車門，關好車窗。停車時，留意一下四周情況。與前車保持安全距離，在路口停車時，永遠要與前車保持一個半車身距離。

如果你車窗貼膜顏色較深，也會有利於防止你的車被搶劫。這會使劫匪不能確定你的車內有幾人。

上車前，要注意觀察四周有無可疑的人，在確認安全的情況下再上車。上車後，要第一時間鎖上車門，在車輛未啟動前不要打開車窗玻璃。進車時要保持警覺，等一會兒再發你的短信，或者到別的地方接打電話。

如果有人從後面撞了你的車，或者有人試圖告知你，你的車有問題，只能等到來到一個安全的公共場所再停車查看。

如果你開車進入一個有門禁但沒有保安的社區，只能使用門上的對講機要求開門，如果你認為有被截住的可能

性，那就等在街道上，直到大門打開。路邊遇到問路情況不要把車窗搖得過低，以防歹徒的手伸進來。

3.被劫時的策略

大多數的劫車，劫匪只對車輛感興趣。多數情況下，放棄你的車是絕對正確的選擇。這樣做時，你要：

①仔細聽好所有的命令；

②不要突然移動，以免劫匪以為你要反抗；

③解開你的安全帶，以免劫匪將你捆在座位上；

④總是將手放在劫匪的視線之內，做每一個動作都要事先告知劫匪；

⑤告訴劫匪本車安裝了無法使之失效的定位設備；

⑥如果車內有小孩，要讓襲擊者知道，劫匪的注意力也許只放在司機身上，並不知道車內有小孩。

4.防劫車時的自衛格鬥

當你靠在駕駛椅上，搖下窗戶通風時，劫匪用槍頂住你的太陽穴。此時有兩種自衛方法能夠用於這種情形。先要確定車的引擎是開著的，以下就是你能夠做到的：

①你應立即把頭向後仰，以避開槍的射線。

②用左手緊緊抓住劫匪持槍的手腕部。

③把他的手拉拽進車窗裡。

④開動汽車，仍抓住他的他的手腕。他肯定不願意被拖拽著走，所以會掙脫離開。

⑤開車離開。

假如車的引擎是關著的：

①你應立即把頭向後仰，以避開槍的射線。

②抬起左臂成「L」形，打擊其持槍的手臂，迫使其暴露出他的面部。

③打擊他的眼或喉。

④發動引擎開車離開。

第七節　防團夥暴力

為了有效地防止團夥暴力，這裡向讀者提供一些預防策略。如果你看到一條黑暗的小巷子、一輛沒有牌子的麵包車、幾個醉鬼或者是一群街頭小混混，你應該意識到，危險可能來臨。你要用心體會自己的直覺，並且相信自己的直覺。你可能永遠都無法明白這種不安的感覺是否真實，但是你要重視這種感覺。許多暴力發生在小酒館和俱樂部即將打烊的時間，這是因為在酒館內一直縈繞的情緒，遇到外面的新鮮空氣時便爆發了。對於偶爾經過的路人，最大的危險是可能被捲入別人的打鬥中，所以如果你碰巧就在附近，注意要避開。

盡可能回避一群吵鬧、粗暴的酒醉者。酒精過量會麻醉大腦神經，使人處於精神亢奮狀態，情緒極度不穩定，難以抑制自己的行為。有的人平時不敢犯罪，但在酒精的作用下，就可能犯罪。另外，他們可能由於夜晚沒有人陪伴，要孤獨地度過漫漫長夜而充滿了嫉妒、憤懣並尋機打架鬥毆。

如果你看到前面有一群青少年，你應該穿過街道，從街道的另一側前進。俗話說得好：雞多不下蛋，人多打瞎

亂。現實中有一些小痞子，總喜歡尋釁滋事，欺負良善。

　　穿過危險地帶時，應結伴而行，身上不要裝過多的錢，不要攜帶貴重物品。

　　如果你發現自己已經闖入幫派聚集地，你必須表現出你只是一個過路人，不知道也不關心這些人是誰或做什麼的。不要試圖交朋友，也不要假裝知道幫派信號或幫派黑話。而且，你不必表現出害怕或怯懦，上述任何的反應都會立即引發對抗。

　　如果幫派成員試圖開始交談，你要表明你只是一個過路人，要重複說比如「我必須走」這樣的話。你也要對逃跑路線保持警覺，做好準備繞過一個在街角瞎轉悠的團夥。根據你遭遇幫派成員的數量，逃跑可能是最好的選擇，這會快速將形勢降級。如果他們只是在尋找容易得手的受害人，並不會追逐，你才有機會。如果團夥成員追趕你，你要不惜一切代價使自己不被包圍，或被逼入角落無路可退。團夥是以群體心理在合作，依靠人多追逐優勢、追逐心態可以讓一個懦夫變得膽大包天、無所顧忌。你也許是一個打架高手，但打敗一群同時進攻的人是很難的。

第八節　防綁架劫持

1.綁架劫持的方式

　　犯罪分子綁架他人主要採用強行劫持、麻醉、欺騙等手段。在選擇綁架對象方面，主要有預謀綁架和隨機綁架兩種方式。

(1) 預謀綁架

①針對富裕的人群。綁匪確定綁架對象後，一般由尾隨、蹲守的方法獲取事主出行規律、愛好興趣等方面的資訊，繼而採用強行劫持等手段實施綁架。

②針對網友等普通民眾。採取約會的方式將網友等人誘騙到某地實施綁架。

③針對惡意欠債、欠薪及暴力競爭的人員。一些老闆長期拖欠工人的工資，由此而引發綁架逼債的案件。在這類案件中，嫌犯有的綁架了債主本人，有的則綁架了其家庭成員。

(2) 隨機綁架

指綁匪在街頭隨機尋找綁架目標。他們選擇的目標的方法有以下幾種。

①以「車」擇人。在酒店、歌舞廳等場所附近鎖定高檔車輛進行蹲守，趁車主打開車門之際進入車內實施綁架。

②路邊擇人。嫌犯結夥駕車在路邊物色單獨行走的人，伺機將其強行拖入車內，帶到偏僻的地帶洗劫、控制當事人，並向其家人索取贖金。

③誘騙綁架。嫌犯在車站、碼頭等場所，以外地資歷淺薄的青年為主要目標，採取接站、介紹工作等欺騙手段將其誘騙到某地實施綁架。

2.防範綁架攻略

①不要炫耀自己或家中如何富裕，不顯露家裡收藏的價值不菲的字畫、古董等寶物，更不要隨便帶陌生人到家

中「參觀」。

②如果你在當地是家喻戶曉的富翁，你及家人最好減少單獨外出的機會，不要隨意透露自己或家人的生活、工作、出行計畫以及行蹤等情況。

③不要輕易為陌生來訪者開門。

④注意發現自己經常活動和出入的地方有無可疑人員與跡象，因為綁架案件通常發生在被綁架物件經常活動和出入的地方。

⑤不要輕信「網友」，不要隨便邀約網友、剛結交的朋友到家裡。不要應陌生人之約外出。如果被網友等陌生人約出，上了歹徒的車後看到裡面搭乘著很多男子，感覺不對勁時，應不動聲色，裝做滿不在乎的樣子，然後在車輛等紅燈時突然開門逃離，或藉口取款、上廁所等逃跑。

⑥如果有人突然來找你以「你家中出事了」或「你父母生病、出車禍」等為由，要你跟他走時，應首先設法與家人聯繫查證，並將此事告訴你的親朋好友或鄰居。

⑦獨自旅行，免不了需要別人的說明。當一個陌生人主動提出要幫助你時，你也一定不要放鬆警惕。與陌生人交談，一定要有保護自己的意識：不要主動吐露自己的真情實底，不食用陌生人送給你的飲料、食品、香菸等。

⑧一人外出探訪親朋好友、尋找工作時，不要輕信街頭陌生人的花言巧語，防止上當受騙，遭遇綁架、強姦等犯罪侵害。

⑨一人在飯店等場所就餐、休息時須小心謹慎，脫離視線的飲料忌再飲，防止被人投放麻醉藥物。

⑩出行乘車時要選擇公車或者正規計程車，不要為了貪圖便宜或者方便，隨便乘坐「黑車」或搭乘陌生人的便車，給歹徒以可乘之機。

3.遭到綁架自救

遭綁架後應保持冷靜與警覺，要有求生的信念與逃跑的準備。

①在被綁架初期可趁綁匪不注意時，留下求救信號，如眼神、手勢、私人物品、字條等，以引起外界注意。利用一切可能的機會，尋求他人幫助，擺脫歹徒的控制。如果綁匪疏忽，可抓住機會，伺機逃脫。

②在被綁匪押運的過程中，如有可能，儘量記住沿途的地名、路名、地形地貌。如果被蒙上眼睛，要儘量將聽到的線索默記在心裡，比如犯罪分子的談話內容、他們互相之間的稱呼等等，到達藏匿地點後，要儘量瞭解藏匿地點的環境特點，與犯罪分子周旋。

③到了關押地之後，綁匪綁你時，不管你被綁在柱子上或是椅子上，當他們綁你的胳膊及身體時你應該深吸一口氣，將肩膀向後收，繃緊胳膊，使其頂住綁繩。想辦法透過裝痛的樣子將胳膊疊起來。這樣會留下儘量多的空隙，可將胳膊向前收縮，使繩子脫落。呼出氣，肩膀向前收，胳膊收進身體裡側，在你縮緊時，繩子應該很鬆了。當他們綁你的手腕及手時，你應該交錯移動手及手腕，慢慢地讓繩子向下滑動，直到手可觸及。

④當綁匪毆打虐待時，要防止刺激綁匪。要裝出軟弱、害怕或已經被制服的樣子，以麻痹綁匪。

⑤主動與押解、看守你的綁匪話家常，談論妻子與孩子，讓他想起家庭，對家庭他有一種保護意識。綁匪也是人，只是這時候他受到某種因素的驅使喪失了理智，成為了劫持歹徒。如果在短暫的接觸中，利用自身特點，視其柔弱內心，倘若能曉之以情，展示自身「可憐」之處，撥動其心弦，就有可能讓劫持歹徒心動而釋放你。

⑥掌握綁匪值班換班的規律，為以後尋找逃脫的機會做好準備；如有可能，觀察周圍環境，看有否可利用的脫身條件，一旦時機成熟，勇敢機智地脫離險境。

⑦如果綁匪為你提供食品，儘量進食與活動，維持良好體能。在特警進行解救發起攻擊的瞬間，盡可能趴在地上。

第九節　防恐怖活動

美國聯邦調查局則將「恐怖主義」定義為「出於政治或社會性目的針對人身或財產非法使用暴力以恐嚇、強迫政府、民眾的行為」。

政治性恐怖分子有幾個目的：①灌輸恐怖。②製造令人震驚的暴力。③破壞人們對政府的信賴。④引起國際媒體對他們事業的關注。

恐怖分子的常規手段：①炸彈爆炸、汽車炸彈爆炸、自殺性人體炸彈爆炸等；②手槍射擊、制式步槍或衝鋒槍射擊等；③劫持人、車、船、飛機等；④縱火、生化襲擊。

　　恐怖分子很大程度上受到國際活動和通訊媒體的說明。電視將恐怖主義活動帶到每個人的生活空間。在恐怖活動中誰受到了傷害並不重要。一個主要的目的是屠殺、製造惡性傷亡事件、引起世界範圍的注意。另一個目的是用殺死對手和支持某些人作為交換，以引起媒體注意，致使政策改變和流產等，建立一個討價還價的平臺。

　　恐怖分子對付戒備有很大優勢，因為他們能夠出乎意料地襲擊幾乎任何地方。英國恐怖主義專家波爾・威金遜說：「打擊恐怖主義就像守門員。你能救起100個向你踢來的球，但是人們卻記住了一個射入門的球。」恐怖分子都是些聰明人，他們會避開對堅固目標的襲擊，而尋找一些既有意義又無防備的新目標。這樣的目標被襲擊後，應對其予以保護。

　　保護的支出是巨大的。例如，機場安全被加強了，其他一些目標如商店、學校、音樂會、體育場、辦公大樓等就會成為目標。產品惡意破壞是恐怖分子另外一個目標。其他目標還有原子工廠、社區自來水、危險材料商店、化工廠、政府大樓、財政機構、軍事設施等。

　　識別恐怖分子的方法：①精神緊張，心事重重，行為怪異者；②衣服肥大，攜帶異常物品者；③在檢查過程中，催促檢查或態度驕橫、不願接受檢查者；④冒稱同鄉搭訕獻殷勤者；⑤頻繁進出大型活動場所者；⑥反覆在警戒區附近出現者；⑦疑似公安部門通緝的嫌疑人員。

　　識別可疑爆炸物的方法：

　　①在不接觸可疑物的前提下由外到裡、由近到遠、由

上到下全面觀察，辨別、判斷可疑物品或可疑部位有無暗藏的爆炸裝置；

②細心傾聽是否有異常聲音；

③嗅，如黑火藥含有硫磺，會發出臭雞蛋（硫化氫）味，自製硝銨炸藥的硝酸銨會分解出明顯的氨水味等。

第十節　反劫機

在20世紀60年代末到80年代初，由於國內外諸多不安定因素的存在，一些恐怖分子製造的劫機、炸機事件不斷發生，導致許多無辜旅客的死傷，嚴重威脅了航空安全及社會安定。

國際刑警組織對300個劫機案例進行了研究，非法干擾民用航空案件中，出於政治動機者占64%，出於擺脫本國法律控制者占16%，其餘16%則由於精神失常等其他原因。一般可以說，具有政治動機或目的劫機占了2/3的大多數。

飛機上的反恐技巧

下面就把美國著名反恐專家吉姆·瓦格納總結的飛機上徒手反恐技巧奉獻給讀者。

（1）訓練環境：

飛機上對付恐怖分子和劫機者的反恐訓練最好的辦法就是先佈置好與機艙相似的環境，當然如果是在真正的機艙裡進行訓練的話那就更好了。首先放上幾排折疊椅子，中間留下一個通道，為了讓情景更逼真，可以在椅子上寫

上座號，再用硬紙板或者膠合板佈置成機艙壁的樣子，然後再專門佈置出一個小的機艙，當作駕駛艙使用。

你對這樣的訓練也許感到彆扭，但是世界上幾乎所有的最高級的反恐特警隊都是在相似的環境中進行訓練的。在德國，他們的反恐特種部隊耗資2500萬美元，建造了飛機模型，在上面進行非實彈或者實彈演習。訓練的時候再把飛機引擎的聲音用答錄機播放出來，這可就是一個比較真實的機艙環境了。

(2) **反擊：**

一旦你決定開始對付恐怖分子，你就要開始「管道攻擊」了——這個名詞專門指那些飛機、火車或者公共汽車上的打鬥。之所以要讓受訓者在機艙裡進行模擬模擬訓練，是因為這會讓你早點習慣在那樣狹小的環境裡如何制服歹徒。下面就是我要告訴你們的10種招法和策略。

①**直線踢擊：**因為飛機座椅阻礙了人的行動，使人難以施展旋風腿、側踢等很多腿法，因而直線踢腿是非常有效的一招。前蹬踢可以攻擊歹徒骨盆、襠部或大腿以上等部位。

②**膝關節衝撞：**由於空間的限制，在近身纏鬥時，以膝關節撞擊歹徒也是非常有效的招法。膝關節作為人體中最強大的關節，提膝反擊具有強大的衝擊力，在特定情況下是反擊攻擊者襠部的主要武器。用膝關節朝歹徒襠部實施打擊，可使歹徒立即失去再戰能力。

③**各種手法攻擊：**在飛機上對付恐怖分子用雙手攻擊最為實用。可用手指戳其眼睛，用擺拳猛砸歹徒面部。如

果恐怖分子想要阻止你，你就再用肘部痛擊他。

④**用於防守的物件**：如果劫機者手持刀子，那就拿起外衣、手提包或者筆記型電腦用力砸他的臉部，千萬不要驚慌失措。在歹徒進行防守的時候，找準機會用別的招術實施攻擊。

⑤**攻其要害**：由於劫機者都是極其危險的歹徒，因而你始終要攻擊那些易於夠得到且一旦受到打擊就會令其鬥志大減的要害部位，如眼睛、鼻子、喉部和腹股溝等。

⑥**利用椅子**：你可以靠在椅子上踢腿，還可以將恐怖分子逼到一排椅子中間再不斷地猛踢。若有人把劫機者逼到你椅子前面的話，你就可以在後面扼住其脖頸，然後讓別的乘客幫助攻擊他。

⑦**利用環境**：儘管機艙內空間狹小，但是你可以利用環境制服劫機者。用衣服突然蒙住恐怖分子的頭部，或者用咖啡杯子砸他的頭部。

⑧**臨時武器**：儘管在飛機上攜帶武器是違法的，但是，有許多東西可以供你選擇。當你的手中有一本雜誌時，你可以將它捲起來，將它當成一根短棍來攻擊歹徒。你可以將一把鑰匙握在食指和中指之間，讓鑰匙梢部露出數公分，以此戳擊歹徒面部。中性筆或鉛筆也具有相似的功效，用筆尖戳擊歹徒脖子、太陽穴或眼睛也會是一項殺傷力極強的技術。一瓶罐頭可以猛砸歹徒；沙漏裡的沙子可以當作迷人眼睛的武器；等等。你可以將硬幣、手紙、食物投擲出去，暫時分散歹徒的注意力，在這短暫的一剎那，你就可以實施後續攻擊了，可以用拳腳猛擊或者趁機

找到更加有利的物件去攻擊他。

⑨**聲音轟炸**：士兵攻擊敵人時總要怒吼一聲，當你攻擊劫機者時也要用上這一招。吼叫，一是給歹徒一個威懾，能使其心慌意亂；二是激勵鬥志，使自己憤怒。

⑩**善始善終**：將恐怖分子制服後，一切還沒有結束。一個倒下的劫機者依然具有潛在的威脅，他可能會趁人不注意的時候實施某種自救行動，他的身上也許還藏著炸藥或者一小瓶自殺用的劇毒。勝利常常會讓人喪失警惕性，所以這個時候還不是解除危險的時候。

第十一節　防惡性槍擊事件

美國也許是發生惡性槍擊事件最多的國家。美國私人擁有槍支數量世界第一，槍支氾濫，幾乎年年都有重大槍擊事件發生，可說惡性槍擊事件層出不窮。

1.識別恐怖分子

來到公共場所或者擠在人群中時，要環視你周圍的人。如果你在逛商場，要警惕似乎與普通購物者的行為舉止不同的人，以及攜帶大帆布口袋之類的大包的人，或者穿著不合時令的厚重衣服的人。

要警惕似乎特別緊張或正在流汗的人。警惕穿著似乎與該場合不搭調的軍靴或軍裝的人。有很多次，這些槍手想像他們是軍人。

2.防槍擊

遇到槍擊時，快速尋找掩蔽物掩護自己。選擇較為堅

硬不易被子彈穿透的掩蔽物，如牆體、立柱、大樹幹、大型鐵製垃圾箱，汽車前部發動機及輪胎等。使恐怖分子在第一時間難以發現，為逃生提供時間。

在商場遇到槍擊時，立即降低身體姿勢，利用櫃檯掩護，迅速向緊急出口撤離；來不及撤離就近趴下、蹲下或隱蔽於掩蔽物後等待救援；在飯店或娛樂場所遭遇槍擊案要快速趴下或蹲下，隱蔽於桌子、沙發、吧台、立柱等的後面，及時撥打110報警。

在公車上遇到槍擊時，立即低頭隱蔽於座椅後或蹲下、趴下，及時撥打110報警。在不明情況時，不要下車。確定槍擊方位後，下車沿著槍擊相反方向，利用車體做掩護快速逃離。

在地鐵上遇到槍擊時，立即蹲下，盡可能背靠車體。由每節車廂緊急報警按鈕進行報警或撥打110報警。判明情況後，快速逃離到較為安全的車廂內。等車到站後，迅速下車逃離，注意在車門和出站口避免發生踩踏事故。

第十二節　防刀斧劈殺

近幾年，只要你留意一下報紙或網路，就會發現一個社會現象，很多恐怖分子和報復社會的暴徒頻頻使用刀具在公眾場合肆意砍殺無辜民眾。

2014年5月21日，臺灣東海大學環工系2年級學生鄭捷，突然持刀往返3個捷運車廂瘋狂砍殺乘客，對象不分男女老幼，釀成4死、22傷慘劇。

可以說，他們的殺人企圖是相似的。他們的犯罪動機可能是仇殺、報復社會或者心理變態，因此應保持警惕，因為殺手可能是任何人，會從任何地方冒出來。這就是為什麼說安全意識永遠是第一道防線的原因。

遇到刀斧砍殺恐怖襲擊的自衛方法：

看到有人手持刀具行兇時，不要停留觀看，丟棄攜帶的笨重物品，迅速跑開，遠離手持刀具的人，並撥打報警電話。

當歹徒持刀向你砍殺時，利用身邊的建築物、樹木、交通工具、圍欄、櫃檯等物體進行阻擋躲避歹徒砍殺，與其拉開距離。

在難以逃脫或躲避時，可利用隨身攜帶物品（書本、手提包、杯子、衣服、皮帶、雨傘等）和隨手能夠拿到的物品（木棍、拖把、凳子、沙子、石塊、磚頭和滅火器等）進行奮力抵抗。

徒手對付持刀歹徒的要訣在後面單列詳述。

第十三節　防汽車衝撞

現在，很多國家的恐怖分子及暴徒都將汽車當成他們的殺人兇器，有的利用汽車實施恐怖活動；有的利用汽車撞死仇家；有的利用汽車在大街上橫衝直撞，肆無忌憚地撞壓無辜路人以報復社會。

那麼，我們如何防止被車撞呢？首先，最好的防禦武器就是你的警惕性。在公共場所，如果你發現有人吵架後

上車，有人怒氣沖沖上車，要格外小心，要遠遠地避開他們所開車輛。

在出行時，你要觀察周邊的車輛，努力預判司機下一步的動作。遇到車輛猛衝過來，要迅速向兩側閃避，躲開衝撞碾軋車輛。

第十四節　防縱火

近幾年，用縱火形式報復他人的案件逐漸增多，一些恐怖分子也利用縱火的方式報復社會。

這些縱火案件雖然各有各的特點，但其共同點都是造成了人員傷亡、財產損失，給人們正常的工作、生活秩序投下了陰影。

遭遇縱火襲擊的逃生方法

(1)公共汽車上遇到縱火恐怖襲擊：

當發動機著火後，應迅速從車門下車，用車上的滅火器滅火；在滅火時，重點保護油箱部位；若中間部位著火，從兩頭車門有秩序地下車；如果火焰堵住了車門，用上衣蒙住頭部，快速衝過車門；如果車門開啟不了，應砸開車窗跳車；如果衣服著火，應迅速脫下衣服，將火踏滅；或者請別人幫助用厚重的衣物捂滅火苗。

(2)列車上遇到縱火恐怖襲擊：

要聽從列車人員指揮，不要盲目地亂擠亂撞；從車廂前後門逃離；可砸碎窗戶的玻璃，跳窗逃離。

身上著火，千萬不要奔跑，可就地打滾或用厚重衣物

壓滅火苗。

(3)**地下商場中遇到縱火恐怖襲擊：**

從疏散通道和安全出口迅速撤離到地面及其他安全區；如果火勢較小，可盡力將其撲滅，如一時難以滅火，應迅速逃離現場；逃離時，俯身彎腰前進，不要做深呼吸，可能的情況下用濕衣服或毛巾捂住口鼻，防止煙霧進入呼吸道；如果安全出口被大火封住，可躲入房間，用濕衣服等將門縫塞緊，等待救援。

(4)**高層建築物中遇到縱火恐怖襲擊：**

保持冷靜，不能慌亂或亂跑亂撞；若火勢很大，溫度很高，應關閉房內所有門窗，用衣物、床單等堵塞門縫，並潑水降溫，同時打電話報警；下樓時儘量不要乘電梯，防止電梯斷電而被困。

另外，在電梯裡隨時會被濃煙燻嗆而窒息；高層建築火災中不可到床底下和衣櫃內躲避，這些地方既危險，又不易被營救者找到；利用樓梯、陽臺、通廊、安全繩等進行逃生；將房間內的床單、被罩、衣物、窗簾等物品連接成繩索進行逃生。在無法逃離且房間無法避難時，也不要輕易做出跳樓的決定，此時可扒住陽臺或窗臺翻出窗外，等待救援。

(5)**公共娛樂場所遇到縱火恐怖襲擊：**

沉著冷靜，從安全出口迅速逃生；如所在的樓層底層著火，可直接從門窗跳出；若所在的二樓著火，可抓住視窗滑下來；如娛樂場所設在高層樓房或地下建築中，則應參照高層建築或地下建築的火災逃離方法；如果舞廳秘密

頻道被大火和濃煙封住，被困人員可暫時逃向火勢較小之地，向外面求救，等待救援；逃離時，俯身彎腰前進，不要做深呼吸，可能的情況下用濕衣服或毛巾摀住口鼻，防止煙霧進入呼吸道。

第十五節　防生化恐怖襲擊

1.早期徵兆

生物毒素或化學毒劑被發現得越早，你逃生的機會就越大。為了探測到生化襲擊，你需要留心環境中怪異的東西。

進入大樓或公共交通工具的打扮與眾不同的人，比如走進運動場或地鐵車廂，在夏天還穿著長袖衫或大衣。如果你看到某人戴有防毒面具，尤其是出現在人群密集的地方，那麼，這個人可能就是毒素播撒者。如果他的防毒面具已經戴好，很可能毒素已經釋放了出來，你應迅速離開此地，並及時報警，請求救助。

有一種氣味似乎不是某個地方該有的，但並不一定是惡臭。當你聞到大蒜味、辛辣味、杏仁味、草味等氣味，就應該引起注意。突然發現大量的鳥、魚或小動物死亡。出現了與天氣無關的低垂的雲彩或彩色的煙霧。天空中塵土密佈，但飄浮的樣子很不正常。

突然皮膚有燒蝕感、眼睛刺激、噁心嘔吐、呼吸困難、驚厥、皮疹等。這表明生化襲擊已經開始了。現場出現了遺棄的防毒面具，桶、罐，裝有液體的塑膠袋等，就

應該引起警覺。

2.保護自己並逃離

要向上風方向跑，要最大限度地減少在污染區內滯留的時間。

就近採取一些簡易防護措施，比如用衣服、毛巾等捂住口鼻處，避免或減少毒物的分割侵襲和吸入，用水將這些衣物蘸濕防護效果會更好，如果身邊沒有水源，可以用自身小便將物品打濕進行迅速防護。如果在密閉的空間中，要迅速臥倒，因為毒氣分子一般要比空氣輕，所以人在相對低的位置受到的傷害會更小。

3.離開險境後要清除污染

立即脫掉衣服。要把衣服拉下來扔掉，不要向上掀起掠過你的頭部，因為此種動作將會導致你眼睛、鼻子和嘴被衣服上的殘留物污染。衣服脫掉後立即將其裝進塑膠袋封住。

清洗。你需要找到噴泉、水龍頭或水池。如果在室內，使用肥皂和冷水徹底清洗自己的身體，不過動作要輕，不能猛擦，以免讓你皮膚上的毛孔張開而受到污染。

如果你找不到水，也可用爽身粉、麵粉來乾洗和吸收毒劑。將乾洗劑塗遍全身，保持30秒。然後用布或紗布等柔軟物將乾洗劑擦拭掉。如果在野外，泥巴也可用作清潔劑。但泥巴需從表面3.5公尺以下取得。將泥巴塗遍全身，任由其變硬，讓它將皮膚外層的毒劑吸收掉。但要記住去掉泥巴的動作要輕，不要猛烈地擦洗你的皮膚，避免毒素滲入皮膚。儘快尋求醫療救治。

第十六節　防爆炸恐怖襲擊

爆炸襲擊是恐怖活動中最常見和危害最大的一種方式，其不僅會造成大量的人員傷亡和財產損失，危害公共安全，而且極易引起社會混亂和平民的恐慌心理，直接影響社會的穩定和經濟的發展。

恐怖性爆炸主要有自殺性恐怖爆炸、交通工具上的恐怖性爆炸、特定建築物的恐怖性爆炸、製造混亂的恐怖性爆炸等幾種類型。近年來，恐怖主義組織蔓延到各大洲，恐怖主義爆炸活動席捲全球。

恐怖分子使用的爆炸物品，包括炸彈、手榴彈、地雷、炸藥（包括黃色炸藥、黑色炸藥和化學炸藥）、雷管、導火索、雷汞、雷銀等起爆器材和自製的爆炸裝置（如炸藥包、炸藥瓶、炸藥罐等）。

實施爆炸的方式方法很多：有的在室內安裝炸藥包，在室內或者室外引爆；有的將爆炸物直接投入室內爆炸，有的利用技術手段，使鍋爐、設備發生爆炸；有的使用液化氣爆炸；有的將炸彈藏匿於行李、包裹、食品、手提包及各種日用品之中實施爆炸。

實施爆炸地點主要是在人群集中或者財產集中的公共場所、交通線等處，一般將爆炸物放在船隻、飛機、汽車、火車上定時爆炸，在商場、車站、影劇院、街道、群眾集會地方製造爆炸事件。

各國政府及其有關機構在追蹤恐怖組織方面成效顯

著，而且處理了很多恐怖分子，避免了許多傷亡事件發生，儘管如此，爆炸事件還是頻頻發生。爆炸事件通常是經過嚴密組織的，而且炸彈往往在引爆者遠離現場後才爆炸。每位公民都有防爆責任，應該提高警惕，並且向有關部門彙報任何可疑情況。

①發現任何可能裝有炸彈的包裹或可能與爆炸事件有關的活動立即報警。

②不要驚慌或使他人驚慌。有序撤離，不要互相擁擠，以免發生踩踏造成傷亡。

③不要碰疑似的炸彈裝置，它可能有間接引爆裝置。

④如果發現有人把包裹留在人群聚集之地，試著提醒他帶走包裹。

⑤如果那個人跑掉，記住其特徵並協助警方調查。

如果炸彈爆炸

如果炸彈已經引爆，你正好在炸彈爆炸發生地附近，應第一時間迅速就近隱蔽或者臥倒，用手抱住頭部，兩腿交叉，張開嘴，以防止爆炸產生的震動和衝擊波損傷你的肺部和耳鼓。在有序撤離逃生時，尋找安全出口，迅速有序遠離爆炸現場，防止亂穿亂擠，造成踩踏事故。尋找簡易防護物，如衣服、毛巾、紙巾等捂住口鼻，採用低姿勢撤離。視線模糊時手摸牆壁撤離。受到火災威脅時，要注意朝明亮處、迎著新鮮空氣跑。

身上著火，千萬不要奔跑，可就地打滾或用厚重衣物壓滅火苗。不要因顧及貴重物品而浪費逃生時間。

第十七節　防汽車炸彈

汽車炸彈一般指安裝於汽車內的炸彈，在受害者不知情的情況下，打開車門或發動汽車後觸發安裝在車內的炸藥而引爆；也有將汽車隱藏於路邊或衝過防護線，接近目標而引爆殺傷的。常見於暗殺行動和恐怖襲擊。縱觀全世界範圍內發生的各種恐怖襲擊事件，汽車炸彈由於獲取管道多、改裝簡便、容易隱蔽、殺傷力大和以自殺性爆炸為主等特點，已經成為恐怖分子主要的攻擊手段，奪取了大量無辜民眾的生命。

從近年來發生的汽車炸彈襲擊事件來看，恐怖分子除襲擊特定設施外，一般將目標鎖定為鬧市、商場等人群聚集的公共設施。而且恐怖分子通常會選擇在人群最密集的時刻將炸彈引爆，並且汽車內放置多枚炸彈，經常是多枚炸彈同時爆炸，往往造成大規模的人員傷亡。為了對付汽車炸彈襲擊，一些科學家正在發展各種新穎的技術，為消除汽車炸彈而努力。

近年來，美國高能技術有限公司開發出了一種名為「斯多技術」的汽車炸彈探測儀，準確探測率在97.75%左右，誤報率和漏報率僅為2.25%。美國加州大學聖達戈分校的化學家和物理學家發明了一種便宜的微型探測器晶片，這種晶片能夠檢測出用日常過氧化氫消毒劑製造的汽車炸彈。

沙烏地阿拉伯的退役軍人烏特·阿里·烏傑伊發明了

一種探測儀器，它在探測到300公尺內裝有炸彈的汽車後會發出警報。這種儀器可放置在距離易受恐怖襲擊設施一定範圍的公路上。

保加利亞科研人員研製出一種名為「嗅探器」的炸彈探測儀器，可探測到50公尺範圍內的爆炸物。

以色列人研製出一種安裝在公共汽車上的爆炸物監測裝置，據稱可以發現並阻止極端分子上車製造自殺式爆炸。據介紹，如果有人攜帶大量爆炸物站在車門外，監測裝置就會發出報警聲。公共汽車司機可立即啟動車門口的欄杆，阻止危險分子上車。即便炸彈在公共汽車門外爆炸，它造成的傷亡和損失也比在汽車內引爆要小得多。

中國清華大學研製的反恐移動式轎車垂直透視安檢系統，適用於海關、重要機構、公共會場、大劇院等的安全檢測。

1.識別可疑車輛的方法

對抗汽車炸彈的最重要的武器是情感感知。再次強調，警覺是我們所需要的最生死攸關的思維方法之一。在檢測可能是汽車炸彈的情況下，要問自己以下問題：

①車輛是否改色？

②車的門鎖、後備箱鎖、車窗玻璃為什麼有撬壓破損痕跡？

③車燈為什麼破損或異物填塞？

④車體表面為什麼附有異常導線或細繩？

⑤車輛為什麼違反規定停留在水、電、氣等重要設施附近或人員密集場所？

⑥車內人員為什麼神色驚慌、催促檢查或態度蠻橫、不願接受檢查？

⑦車內人員為什麼發現員警後啟動車輛躲避？

⑧司機將車停在某商店或大樓前，為什麼卻向車的反方向走去？

⑨為什麼汽車後備箱因載運重物而較平常更為下垂？

⑩為什麼司機將車停在非停車區、局促不安地停下車或慌慌張張地停下來？

⑪汽車前後車牌為什麼不對應或者有偽造痕跡？

2.預防自己的車被安上炸彈的方法

汽車炸彈的完全隨意性使得它很難防範。然而，你可以做幾件事，以避免你的汽車在你毫不知情的情況下被充當汽車炸彈。

①防止汽車炸彈襲擊的唯一防禦措施就是個人安全意識。

儘量將自己的車輛停放在人員較多的公共場合，如果有人試圖在你的車下安置炸彈，他就很難不被發現。一定要鎖好車，並確保車窗完全關閉，防止不受歡迎的人進入你的汽車。標出自己輪軸的固定位置，以便於察覺汽車是否被人動過。在發動機罩和後備箱上粘上一條透明膠帶，在上車前檢查一下膠帶的粘貼情況。如果可能，清理後備箱、儀錶盤下的置物櫃等地方。

②回到車上之前，用眼仔細檢查車輛，但不能用手去檢查。

透過車窗認真掃視一下車內的情況。檢查一下車輪和

擋泥板，跪下來檢查一下車底下。檢查一下車門上、後備箱或發動機罩上是否有手指印。看看有什麼東西是不應當存在的，比如似乎不屬於這裡的或懸在空中的一段電線。看看車底下有沒有一個對正常油污來說相對乾淨的物體。檢查車底時，長柄上端綁一個鏡片是比較理想的檢測工具。如果你懷疑有什麼不對勁，要逐漸後退，並報警。

如果汽車炸彈已經引爆，你正好在汽車炸彈爆炸發生地附近，可以迅速借身旁的物體保護自己，重點是保護頭部。你可以躲在汽車後、汽車中，甚至薄皮垃圾箱和裝滿文件的公事包後面，以減少炸彈氣浪和殺傷破片對你造成的傷害。但是千萬不要躲在玻璃後面，因為爆炸氣浪擊碎玻璃後，會形成銳利的破片，容易給躲在後面的人造成較大傷害。

第十八節　防人肉炸彈

所謂的人肉炸彈就是一個不怕死的人穿著一個特殊的背心或腰帶，或者是穿著改造過的衣服，裡面裝滿了高性能的炸彈，來到人群中引爆。

對付人肉炸彈

一些人肉炸彈動作上的疑點，人肉炸彈的衣服要比正常的肥大，很多時候他們會表現出緊張、流汗和心事重重的樣子。他們總是避免與員警正面接觸，總是朝人群最多的地方行進。

你也許察覺某人穿了一個炸彈背心，但如何阻止其引

爆炸彈，反恐專家的意見並不統一。考慮到許多人肉炸彈需要他們的手來引爆裝置，美國許多警察局在訓練員警時會讓他們射擊嫌犯的腦袋，確切地說就是兩眼之間，以便瞬間滅失其所有的行為能力。

那麼，沒有攜帶槍械的平民如何對付人肉炸彈呢？前美國海豹突擊隊教官、絕境求生專家凱德·科特立認為，最好的辦法就是閃到這個人肉炸彈的身後，抓住他的小腿，提起來，使其離開地面。他們的臉會下墜，他們會用手本能地撐地阻止面部落地。如果你和一個人肉炸彈面對面相遇，要猛擊他的面部，然後牢牢抓住其雙手，大聲呼叫周圍的人遠離避開，並打電話報警。

如果炸彈即將爆炸，最後時刻只好犧牲你自己，抱住人肉炸彈，以減弱爆炸殺傷力，拯救你周圍的人。多數情況下，這會是一個極其艱難的選擇，但是，如果情勢到了不是你死就是你身邊的親人們死時，要果斷採取適當的行動。記住，行動造就英雄。

如果炸彈爆炸時你就在附近，因為它發生得突然，出乎預料，只有有限的逃生工具可以提供幫助。最好的反應是迅速平躺在地，用手抱住頭部，兩腿交叉，張開嘴。如果閉嘴，爆炸產生的震動和衝擊波會造成你的肺部和耳鼓破裂。

第四章

保鏢徒手格鬥技戰術

第一節　防守與移動

一、基本格鬥站姿

1.正規的格鬥姿勢

基本格鬥站姿就是格鬥準備的姿勢，它使我們能利用自己最大的速度和力量，同時能防範對手的攻擊。所以基本格鬥站姿是受訓學員首先要掌握的技能。

兩腳始終前後站立，兩腳之間距離不得超過46公分，兩腿稍屈，重心保持在兩腿之間；將雙肘彎曲為45°角；把雙臂抬至可保護面部的高度，但又不致遮擋自己的視線；雙肘輕夾身體，以保護肋部；手指彎曲握成拳頭，但不宜握得過緊。握得過緊會使前臂肌肉收縮，降低出拳速度及延緩反應時間；向下收頷，用雙肩作天然屏障。（圖4-1）

圖4-1

2.非對抗式的格鬥姿勢

採取正式的格鬥姿勢看起來是一種不錯的選擇，但是，這只是在打鬥開始以後才是如此。事實上，如果你在打鬥之前就採取格鬥勢，你也就放棄了一件有力的武器——「欺騙」。

在實戰格鬥中，一種有效的秘密武器就是出其不意，突然襲擊。大多數的歹徒都相信你沒有反抗能力，而你應該利用他的這一錯誤觀念。如果你擺出一個標準的格鬥勢，就會刺激你的對手並且增強對方的敵意。他會更加兇狠，說不定會掏出刀子來對付你。

你可以採取一種自信、放鬆的姿勢，肩膀向前，手臂彎曲，雙手張開，指尖朝上，這樣的舉動會給歹徒一個錯誤的訊息，他會認為你已經屈服了。從而使歹徒降低警惕性，為你的攻擊創造條件。（圖4－2、圖4－2附圖）

圖4－2　　　　　　圖4－2附圖

　　把你的手放在前面還有很多優點，第一，在你與對手之間有了一個屏障，使他難以直接碰到你。第二，使雙手放到一個有利於攻擊的位置，可以使你的手法攻擊更加精確。第三，此種姿勢再加上後退，能夠成為不是你想挑起事端的證據。

　　【基本格鬥站姿的練習】

　　①對著鏡子擺好格鬥姿勢。保持好這種姿勢，兩足做向前、向後、向左、向右移動。

　　②讓訓練夥伴用各種拳法擊打你的兩拳和兩肘處並要保持好格鬥姿勢不變。

　　③讓訓練夥伴用各種輕快的拳法打你的臉部和胸腹部，用阻擋及格擋方法防禦夥伴的攻擊。

二、格鬥防守技術

　　防身格鬥的一條重要的特徵就是動態性和進攻性。攻擊和防守技術都是缺一不可的。如果防守技術不行，那麼自己的進攻能力再強，在實戰中也不免挨打，甚至危及生命。只有正確合理地運用防守技術，有效封阻對手的攻擊，才能為後面的反擊創造條件。防守技術是格鬥中的重要組成技術之一。格鬥中合理地運用防守技術是阻擊對手進攻、爭取主動的重要和必要手段。

　　1.抓　握

　　當歹徒以刺拳攻擊的時候，你後手張開手指，掌心朝向來拳的方向，抓握他的拳，就像抓握棒、壘球一樣。抓握的手應該在臉部前10～15公分處。讓手作為一個富有

彈性的緩衝器，來吸收歹徒衝擊的能量，同時頭部要向後略微躲閃一點兒。

抓握後，再以直拳反擊歹徒，隨後進行抱摔。

2.格　擋

當歹徒用前手直拳向你的面部擊打時，你在身體側傾躲開來拳的同時用右手掌輕拍歹徒的手腕或前臂，使他打偏。拍擊的同時要抬起左肩加強保護。

當歹徒用擺拳擊打自己頭部側面時，上臂抬起，並使之與前臂之間的夾角小於90°，手指張開，向前翻手掌（手掌大約在耳部的上方），同時略微擰轉身體，以增強抵擋力量。一旦你進行格擋後，就可以進行反擊或是進行抱摔和頭撞了。

3.屈臂防護

在保持基本姿勢的基礎上，兩臂彎曲置於胸前，兩臂之間相距10～15公分，兩肘向下，兩手自然張開，手掌向內掩護面部。兩肘保護腹、胸和肋部，下頜微收，含胸、收腹，兩眼從兩臂間注視歹徒的行動，根據來拳配合防護動作做恰當的移動。

身體保持著適度緊張，以增強抵抗的力量。兩腿要彎曲，保持身體平衡。屈臂防護用來抵抗猝不及防的亂拳偷襲，承受住其起初的幾次打擊之後，就要實施反擊。

4.封鎖法

看準機會，乘歹徒欲出拳時或出拳後，迅速果斷地貼近他，上體貼住他的上體，頭部置於他的頭部側面，兩前臂緊貼他的兩臂，使其出拳受阻或不能出拳。然後實施抱

摔法將其摔倒並制服。

5.閃 躲

是上體向左、向右、向後、向下進行各種閃躲使敵拳落空。不過在有些凸凹不平或非常有局限性的格鬥環境裡（如在樓房內）就不允許採取這種躲閃方式。

①**側身閃躲**：當歹徒以直拳擊打自己頭部時，上體和頭部同時向側前方閃躲，上體略向側前方傾斜，使歹徒拳頭從肩部和頸部外滑過。躲閃同時略提一側肩部，以防閃躲不及時，起到保護的作用。側閃後再加上反擊或搶進去進行抱摔。

②**側身搖避**：當歹徒以擺拳擊打自己頭部側面時，應立即屈膝、蹲身、上體前傾、頭部和上體向外側搖避，使頭部在歹徒手臂下繞過。然後形成抱摔姿勢。

③**向後閃躲**：後閃技術能夠用來對付任何直線攻擊技術。當歹徒用直拳擊打自己頭部時，先向後閃身，在歹徒擊空時立即以直拳還擊其頭部。做這個動作時有兩種方法：一是當歹徒出拳沒有衝力時，自己可以在原地將上體先向後仰，重心落於後腳的同時上體隨即前傾，用直拳還擊。另一種是歹徒出拳衝力或跨步較大時，自己可先向後移動擺脫，後腳落地後再迅速蹬地出直拳還擊。

三、防守技術訓練方法

1.防守技術的標準定型

在教練講解示範或個人自學教材之後。訓練者由靜止的實戰姿勢開始模仿練習防守動作，體會防守的動作要領。

2.假想訓練

訓練者假想歹徒的進攻，自己訓練相應的防守動作。

3.二人配合訓練

兩人一組，一方進攻，另一方防守，進一步提高防守的實際性。兩人練習可採用原地和移動的兩種。

4.防守反擊練習

專門性的訓練防守，在訓練的初級階段是很必要的。但掌握了技術要領之後要把防守反擊作為一個整體進行訓練。也就是一次防守必須伴隨著反擊。

5.實戰訓練

可培養訓練者的臨陣應變能力，使習者由淺入深，由易到難地學習防守技術，盡快掌握實戰技能。這是對訓練者整體防守反擊能力的真正檢驗與促進。

四、格鬥基本步法

在武術學校中，步法經常是一個被忽略的技術，然而步法實際上是真正決定受訓者習得各種技術是否成功的關鍵所在。在激烈快速的打鬥中，步法機動靈活，有利於保持平衡，並尋找較好的角度進行有效的和防守。此外，步法的快速移動，還可以迷惑歹徒，分散其注意力。

動作時不要忘記防守。向前移動時，前腿先動，後腿跟進，使身體又恢復格鬥姿勢。移動時應該平穩連貫，動作優美，雙腿呈直線前進。向後移動的時候，後腿先退，前腿跟進。雙腿之間的距離不要超出46公分。向後移動儘量不要超過三步，以防止碰到障礙物、凹凸不平的地面等。

1.常用步法

①**前滑步**：在格鬥勢的基礎上，前腳稍提，後腳蹬地，前腳擦地前滑約30公分落地，後腳迅速跟進並步。

②**後滑步**：後滑時，足跟稍提起，前腳掌蹬地，向後滑動，後腳掌著地後，前腳掌迅速向後滑。滑動的距離應與後腳滑動的距離相同。

③**左滑步**：向左滑步時，右腳的前腳掌用力蹬地，左腳掌向左擦地橫滑，待左腳落地後右腳跟隨即向左橫滑，其距離與左腳的距離相同。

④**右滑步**：動作與左滑步相同，唯方向相反。

⑤**左斜進步**：身體向左側前方移動時，前腳稍抬起，後腳蹬地，推動前腳向左斜前方滑進一步；當前腳著地以後，後腳迅速擦地跟上。

⑥**右斜進步**：動作要領和要求同左斜進步，唯方向相反。

⑦**左斜退步**：前腳蹬地，後腳向左側後方斜退一步，前腳迅速擦地跟上。

⑧**右斜退步**：前腳蹬地，後腳向右側後方斜退一步，前腳迅速擦地跟上。

⑨**左閃步**：左閃步是以右腳掌為軸，右腳跟提起向左轉45°左右，同時左腳迅速向左腳後側移動，身體突然向左轉體改變方向，將對手閃在自己的右側面。

⑩**右閃步**：動作要領和要求同左閃步，唯方向相反。

2.腳步移動訓練方法

①**單獨訓練**：可先在平地上劃出一定範圍，將學過的

基本步法逐一練習，逐步過渡到步法組合練習。

②**跳繩練習**：包括練習單腳跳、雙腳跳等。

③**配合練習**：兩人一組，一人喊口令，另一人按口令做腳步移動練習，發現錯誤動作及時糾正。

④**雙人練習**：兩人一組，相對2～3公尺站立，進行步法練習。甲方進步則乙方退步，其他步法也是如此。要盡量避免肌肉過分緊張。

第二節　身體武器的攻擊技巧及訓練方法

人體有許多部位都適合作為攻擊武器。學習格鬥術，首先要瞭解這些武器部位名稱和攻擊時的著力接觸點。在平時必須強化這些接觸點部位的訓練，以便在打擊歹徒時，有足夠的硬度和殺傷力。

打鬥最常用的部位是兩隻手、兩隻腳、兩個肘、兩個膝關節和一個頭。它們幾乎代表了身體上所有容易集中力氣的最有效的發力點，所以它們可以在任何規模的格鬥裡作為攻守兼備的武器發揮效力。然而，如果想要功效和速度並舉，正確的技術訓練以及實用性練習是必不可少的。只有達到了雙效並舉，才能實現無論何時何地當你需要保護自己的時候，真正做到彈無虛發。

一、拳法攻擊技巧

把手握成拳頭時，手指關節成了很堅實、耐擊打的部位，在賦予身體重力後，它們就是極具殺傷力的攻擊性

武器。用拳頭打擊如咽喉之類的軟組織區域，可以避免對自身損傷。拳用於攻擊時的接觸面為拇指外其餘四指的根部、拳背或是小指外沿的拳輪處。

1.直　拳

左直拳動作簡練、直接。左手離對手近，易於擊中目標，又便於抵住和破壞歹徒擊打。還可令歹徒失去平衡，容易造成歹徒錯覺，迫使歹徒暴露出防禦上的空隙和破綻，為別的重招攻擊創造良機。利用左直拳還有利於自我推測後發招法的距離、速度、刺探歹徒實力。運用左直拳和歹徒保持一定的距離，不讓對手靠近自己，有利於調整攻防步驟。

左直拳在拳擊比賽中效果絕佳，這是因為拳擊比賽沒有摔法、沒有纏身扭鬥。但在自衛格鬥中左直拳沒有太大的作用，除非你擁有超人的打擊能力。在街頭格鬥中，你對歹徒的情況通常是一無所知。歹徒可能精通拳擊、纏鬥。因此，不要冒險使用左直拳重擊歹徒。但是就像前面所說的，其戰術作用不可忽視。左直拳能用來為踢擊、摔投、窒息或者衝撞做好準備工作。

右直拳的做功距離和做功時間比左直拳長，易被歹徒發現和防範，但拳頭份量重、威力大，一旦擊中目標往往能取得決定性的勝利。在你攻擊時，你的對手不得不進行格擋。任何一種可以迫使你的對手進行格擋的方式都非常有效，因為這樣可以阻止歹徒對你實施摔法。在自衛格鬥中，右直拳是非常有效的拳法。其在街頭打鬥的首發應用率幾乎達到百分之八十以上。

（1）左直拳

由格鬥勢開始，右腳趾尖蹬地，重心稍前移，上體向右水平擰轉，左肘部推動，以左拳領先，前臂帶動拳頭輕快地向前擊出，使拳頭擊向目標，擊完恢復實戰姿勢。（圖4-3、圖4-4）

（2）右直拳

由格鬥勢開始，擊出右直拳，當手臂快要伸直還沒有完全伸直前，其拳頭向拇指方向突然擰轉，當手臂伸直到最後階段的一瞬間，運用身體向前運動的速度，突然扭腰轉髖向前送肩旋轉拳頭打出，在擊出右直拳的同時左手保護左腮面和下頜，身體重心保持在兩腳支撐面內，擊完後立即恢復格鬥姿勢。（圖4-5、圖4-6）

2.上勾拳

上勾拳是在近距離打鬥時，屈臂彎肘，自下而上打擊歹徒的拳法。這種拳法在近戰中威力極大。上勾拳的力量來自腳趾尖蹬地伸腿的反彈力，然後經由腿、軀幹、肩、

圖4-3　　　　　　圖4-4

臂，最後由拳頭把傳輸過來的身體重量衝擊過去。腿腳動作與手臂動作同等重要，雙腳站穩，稍屈膝部，就能擊出強猛的好拳。

（1）左上勾拳

由格鬥勢開始，左臂彎曲成90°或小於90°夾角，身體前俯並向右轉體帶動左拳向前上方擊打，擊完後立即恢復格鬥姿勢。（圖4－7、圖4－8）

圖4－5　　　　　　　圖4－6

圖4－7　　　　　　　圖4－8

(2) 右上勾拳

由格鬥勢開始，右臂彎曲成90°或小於90°夾角，身體前俯並向左轉體帶動右拳向前上方擊打，擊完後立即恢復格鬥姿勢。（圖4－9、圖4－10）

動作施展過程中的正確、完美與否非常關鍵。因為拳頭太鬆，指關節外露，而姿勢不標準，則易於使自己指腕關節受傷，即使是經常訓練的拳擊手，也會挫傷他們戴著手套的手，那麼，對於裸露手指關節又沒有經驗的學員來說，就更容易挫傷手指了。

在歹徒俯身彎腰、手的位置較高並且距離很近時採用。如果歹徒連續被擊恍惚不清，此時逼近歹徒採取上勾拳進攻效果更佳。當歹徒兩側防禦嚴密、中線空虛時，可用上勾拳攻擊其胸腹。在歹徒身體直立時不要使用上勾拳，這樣容易遭到歹徒直拳攻擊。使用上勾拳時要嚴防歹徒的肘膝攻擊。

圖4－9　　　　　圖4－10　　　　　圖4－11

3. 擺　拳

擺拳是一種很自然的拳法。沒有經過正規訓練的人毆鬥時一般都喜歡用這種拳法。擺拳擊打目標是歹徒的頸、腮和下頜處。擺拳可以充分利用軀幹扭動產生的慣性，把全身重量都施展於擊打上。同時因手臂移動距離長，可產生較大的攻擊衝力。

(1) 左擺拳

由格鬥勢開始，左腳趾尖蹬地內轉，向右轉體，以肩部帶動左拳向斜前方，成弧線由外向內突擊，臂彎曲約90°，擊完後立即恢復格鬥姿勢。（圖4－11、圖4－12）

(2) 右擺拳

由格鬥勢開始，右腳趾尖蹬地內轉，向左轉體，以肩部帶動右拳向斜前方，成弧線由外向內突擊，臂彎曲約90°，擊完後立即恢復格鬥姿勢。（圖4－13、圖4－14）

打擺拳的一個常見錯誤是動作幅度太大，無論是誰，

圖4－12　　　　　　圖4－13　　　　　　圖4－14

都會有這樣的經歷，就是大敵當前，會由於緊張，往往會充分運用自己最大的力量來投入戰鬥，期望在瞬間制服歹徒，以便自己迅速脫離險境。但往往卻適得其反，因為這樣便會過早地暴露你的攻擊意圖，給歹徒提前發出了預警信號，使打擊難以奏效，甚至會由此遭到歹徒沉重的打擊。

對於精於防守的歹徒，前手擺拳是撕破其防禦的有效方法，也就是利用擺拳迫使歹徒改變防守姿勢，進而以右直拳和右鉤拳重擊其空檔、重創歹徒。從基本拳法的整體上看，擺拳是配合其他拳招攻擊的有效手段。

前手擺拳威力巨大，可在瞬間傷害歹徒的頸、腮和下頜。擺拳的作用是專門用來對付善於向左右兩側轉移攻勢的歹徒。前手擺拳的打法，距離歹徒較近，當歹徒向前手外側正欲轉移時，以前手擺拳攻擊其頭部。後手擺拳，距歹徒較遠，當歹徒向後手外側正欲移動時，以後手擺拳擊打其頜部或腮面。施發擺拳時要注意歹徒的迎擊和腳蹬。使用擺拳要提防歹徒直拳攻擊，同時要提防善於潛避的歹徒逼近攻擊。

4.拳側攻擊

圖4－15

拳側是指手掌頂點與手腕間靠近手指的側面（圖4－15），使用拳側擊打時應握緊拳頭用拇指壓靠中指和食指的第二節指骨上，似砍掌一樣猛烈劈打，像鞭子一樣運動，接觸目標的瞬間，

握緊拳頭用拳側砸擊，擊打後迅速彈回。使用拳側進行擊打時不必擔心損傷或挫傷指關節及手腕，是一種強有力的攻擊方式。

拳側最好的攻擊目標包括：下頜、太陽穴、鼻子、頸部、襠部。下砸鎖骨亦是重創對手的重要手段。下砸時採用整條手膊的運動，向前揮擊時好像是在用身體和手膊的合力去揮動一個大鐵錘。一旦砸中歹徒非常有效。鎖骨是一個很脆弱的部位，倘若鎖骨被擊斷便會使歹徒呼吸困難，因手臂麻木而失去活動能力。

5. 背　拳

背拳是一種以拳背為力點，由伸肘抖腕的力量反臂向前彈抽、敲砸歹徒鼻眼等要害部位的拳法，它快捷隱蔽、變化無方、疾如閃電，往往令歹徒猝不及防，具有快、冷、脆、遠、猛的特點。直、勾、擺拳都是以肩為主要樞紐，最後將全身之力集中於拳面爆發而出，而背拳則是以肘關節或腕關節的轉動用拳背進行攻擊。也可以視攻擊的距離及角度而用腕關節或拳輪、拳面進行攻擊。

背拳的攻擊是以「疾、奇」為特點的，擊打的時機是關鍵。當我方控制了歹徒手臂，會使其處於如被繩縛的境地，使歹徒不得勁，我得勁，或是歹徒無法進攻或難以防守時施用背拳攻擊。如在擒抓歹徒一臂時，用力回拉，同時以背拳攻擊歹徒。在施以背拳時，腕關節的驟然轉動或抖動，可使背拳的殺傷力大增。背拳在使用中可以作為肘擊打的補手進行攻擊。

轉身反背拳是拳法中的一種怪招。它是借旋身和腰、

臂向後擺彈的爆發力，用拳背橫向鞭打，抽擊目標，其特點是動作狠辣刁鑽，突發性強並具隱蔽性，往往能起到出其不意的效果。

(1) 左轉身背拳

由格鬥勢開始，向前微抬左臂，以肘關節為軸，揮前臂以拳頭擊向目標，手臂用力伸直，手腕用力向外側或屈肘由下經胸前以肘為軸向前上方彈抖，以拳背擊向目標，擊完恢復格鬥姿勢。（圖4－16～圖4－19）

(2) 右轉身背拳

由格鬥勢開始，身體向右擰轉，帶動右拳以拳背向後抽彈。（圖4－20、圖4－21）

二、掌指法攻擊技巧

掌指攻擊是最實用的技術之一，它的實用恰恰在於它往往不為人所熟知，也不會輕易引起別人的注意，當然習練它的人也很少。正因為如此，它才具有迷人的魅力，

圖4－16

圖4－17

我們可以在與歹徒打鬥時突然發招，往往會令歹徒大吃一驚。總結它的優勢，就是擊打距離長，富於變換，擊打時面積小，壓強大。還有重要的一點，就是它的先發制人。這在與歹徒格鬥時，尤其是面對強大的歹徒時顯得更為重要。

圖4－18　　　　　　　　　圖4－19

圖4－20　　　　　　　　　圖4－21

1.劈 掌

特種格鬥術的基本組成當中就有掌沿攻擊，或者稱其為劈掌。這種攻擊類似於空手道中的手刀，攻擊時，手掌展開，肌肉繃緊，當你用小指和掌底之間厚實的部分攻擊時，保持拇指向外打開。劈掌的效果與拿一把利劍削砍一根銅管頗為相似。劈掌一般攻擊歹徒的咽喉、頸部等薄弱部位。很少有人能挺住他人用手掌對這一區域的劈打。此外用手刀劈擊鎖骨，會造成骨折和劇痛。

在反手劈擊中順勢打出這一招效果絕佳，因為它恰好用到了蹬腿和擰腰的力量以及體重的慣性力。這一技巧通常是掌心向下平行劈擊，當然也可以從其他角度攻擊。

現代格鬥術的攻擊與傳統招式的最大區別在於拇指的垂直方向，這樣可以增加手掌的張力，堅固手上的攻擊表面。還可以避免由於手掌受到衝擊而引起的彎曲，從而不致削弱攻擊力度。

(1) 左劈掌

在格鬥勢的基礎上，左臂自然彎曲抬起，重心迅速前移，擰腰轉胯，以掌外側為著力點，向下或水平砍擊，擊打完畢後迅速恢復格鬥勢。（圖4－22～圖4－24）

(2) 右劈掌

在格鬥勢的基礎上，右臂自然彎曲抬起，重心迅速前移，擰腰轉胯，以掌外側為著力點，向下或水平砍擊，擊打完畢後迅速恢復格鬥勢。（圖4－25～圖4－27）

2.掌根攻擊

對於那些沒有拳擊經驗的人來說，用掌根打擊要容易

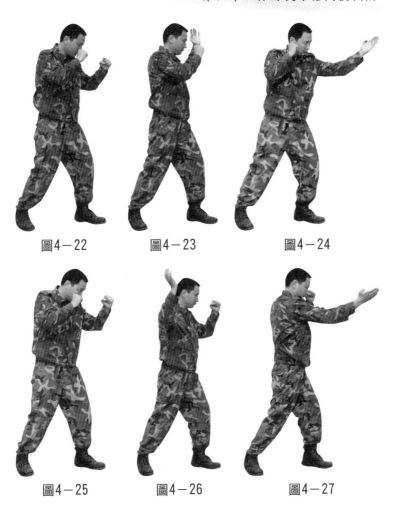

圖4－22　　　　　圖4－23　　　　　圖4－24

圖4－25　　　　　圖4－26　　　　　圖4－27

得多，因為這種打法具有出人意料之處，而且出手距離也
短，令對手難以防範。

　　只要你的一隻手是自由的就可以用掌根反擊，來對
付任何形式的正面抓握，當然也能在其他近距離打鬥中使
用。由腕部向後彎曲，五指伸展，掌心下部形成小的內

凹，在非常接近歹徒時，用掌根猛擊其下頜，在一場生死攸關的打鬥中，擊打歹徒下頜，會造成其周身麻木和休克，從而令歹徒很輕易地失去知覺。

如果歹徒與你保持一臂長度可迅速用掌根反擊，應像彈簧一樣反彈出擊，面部的任何部位均可作為打擊的目標，當然打擊鼻子效果最佳。利用掌根攻擊破壞歹徒的身體平衡，很容易對其造成額外的傷害。

(1) 左掌根攻擊

在實戰姿勢的基礎上，右腳蹬地，重心前移，然後反彎左手腕，利用轉腰催肘起身之力，短促地爆發向斜上方運力推擊，使掌底擊向目標，擊完迅速恢復實戰姿勢。（圖4-28～圖4-30）

(2) 右掌根攻擊

在實戰姿勢的基礎上，身體內旋，反彎右手腕，利用身體左旋催肘起身之力，向斜上方運力推擊右掌，當底掌

圖4-28　　　　圖4-29　　　　圖4-30

圖4－31　　　　　圖4－32　　　　　圖4－33

推至目標瞬間，掌底、肩、腰與伸直的後腿成一連貫的力量輸送線。（圖4－31～圖4－33）

3.指關節攻擊

指關節的主要打擊目標是歹徒的鼻梁、咽喉、頸部、上腹部、襠部等狹窄而柔軟的要害。將四指

圖4－34

從第二指關節處彎曲，把拇指內收置於食指指尖處，用四指彎曲形成銳角短促快速地攻擊。（圖4－34）

利用指關節攻擊歹徒咽喉是一種絕佳的攻擊手段。擊中歹徒後可使其血流不暢和呼吸困難，造成頭昏、四肢無力。

4.矛手攻擊

矛手是一種極為有效的自衛武器，它可以攻擊歹徒身上柔軟的部分。矛手的標準手型如下：四指平伸併攏，拇

圖4-35

指向掌內彎曲。使擊打的力量集中於食指、中指與無名指的指尖，小拇指起輔助作用。關鍵是手型要剛勁，四指要聚攏併緊，否則就會使力量削弱。（圖4-35）

(1) **左矛手攻擊**

在實戰姿勢的基礎上，左手成掌，臂部內旋，平肩直插，掌心朝下，力達指尖。（圖4-36、圖4-37）

(2) **右矛手攻擊**

腰部左轉，右手成掌，臂部內旋，忽然插掌，掌心向下直刺歹徒雙目。（圖4-38、圖4-39）

四指既可繃直也可稍微彎曲，後者的好處是不易挫傷手指，採取哪種方式，取決於施技者手指的硬度與力度。但不論何種方式，都要求出手快捷迅猛，回收及時。矛手

圖4-36

圖4-37

攻擊的主要部位是歹徒的眼睛、咽喉、腹腔神經叢、腎部、脾臟或頸部的神經叢。

5.拇指摳眼

眼睛是人體最敏感和脆弱的部位之一，拇指摳眼這種令人膽寒的技術可以直接撕扯歹徒的頭部。使勁彎曲兩個大拇指並放置在每隻眼的內側，用這種猛烈的「摳拉」，深深地向眼睛深處摳並向耳朵方向拉（圖4－40）。

圖4－38　　　　　　　　　　圖4－39

圖4－40

此種攻擊能使眼球破碎、眼皮撕裂，力量較大時，還會把眼球從眼窩中摳出來。它只有面對生死搏殺時才可以使用。

6.爪　擊

爪擊是指以指尖發力來攻擊固定的目標，通常的手型為四指成爪狀，拇指蜷曲向掌心。運用爪向歹徒薄弱部位如面部、頸部和睪丸施以抓、撕等攻擊動作。（圖4－41）

爪擊的功用就是使一個妄圖侵害你的暴徒受傷致殘。十指尖銳、指甲如刀的女性施用爪擊效果更佳。暴徒的面部就是最佳的攻擊目標。如果夠狠的話，甚至可以把指尖嵌入歹徒的肉裡。爪擊是非常毒辣的指掌功夫，很容易使歹徒「毀容」。

7.杯型手攻擊

使用杯型手攻擊歹徒的耳朵效果絕佳。向耳部的攻擊，尤其是雙耳受到攻擊後會發生昏迷及腦震盪，甚至有致命危險。兩手猛力扣擊歹徒的雙耳，這樣就有可能造成歹徒腦震盪和耳鼓膜破裂（圖4－42）。

圖4－41

圖4－42

　　耳鼓膜之所以會破裂，是因為扣擊時將大量的空氣擠壓到耳道內部。實際場合裡，這種後果很少發生，但是這種攻擊方式常常會令對手頓時迷失方向，從而給你以有利的機會來控制他。杯型手攻擊歹徒的頸部或頭側部，仍是很有效力的。

8.掐擰

　　習武者總認為大刀闊斧的拳打腳踢更為乾脆痛快，然而，有一招極為實用卻又常被人忽略——掐擰。不要一提到掐擰就認為是女人的專利，實際上，它是自衛中可以信賴的一件利器。掐擰是格鬥實戰的一個側面，卻沒有任何門派的武術吸納它，大概是認為它太女人氣或是孩子氣，不像男子漢所為吧？但是和戳一樣，掐擰產生的效果是「疼痛反應收縮」，常常會導致被掐擰者門戶大開，至少也會使你的對手分神一會兒，從而為你別的招法反擊提供寶貴的時機。

　　掐擰適用於在和歹徒摟抱纏鬥時，忽然猛掐歹徒，可一時解脫歹徒的糾纏，但掐擊的時機稍縱即逝，因而試用掐擰後應馬上跟上後續毒招重創歹徒。否則光憑掐擰是難以降伏歹徒的。掐擰屬逃逸性技術，它是實施成功擺脫並發動反擊的基本手段。最兇悍的技術還是實施擊打。食指拇指掐擰（圖4－43）、食指中指關節掐擰（圖4－44）、展開的食指拇指掐擰（圖4－45）是全世界不同膚色的各個人種廣泛應用的3種掐擰方法。

圖4－43

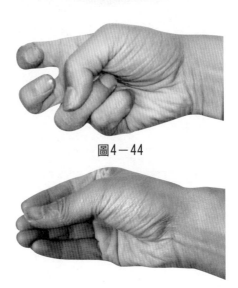

圖4－44

圖4－45

三、腿法攻擊技巧

大腿是人體最發達的肌肉群，兩腿因長期支撐身體重力而十分強壯有力，在以腿攻擊對手時少有自傷。再者雙腳被鞋保護，所以腿是現實打鬥中重要的打擊武器。

腳的每個部分在打鬥中都能起到作用。拇趾在前踢中用來攻擊腹腔神經叢和歹徒的腹股溝，它兼速度和力量兩大特性。脛骨可以伴隨掃踢之後繼續攻擊歹徒腿部、肋骨或者是歹徒的太陽穴、面頰和頸部。

在近身側踹時，腳部外側形成腳刀，可以攻擊歹徒的膝關節、肋骨和腹腔神經叢。後踢腿和跺腳都可以促進腳跟的運用，在雙方縮短距離衝入歹徒防禦之後，腳背可以用來攻擊歹徒的襠部。此外，還可以用腳尖踢擊歹徒大腿

內側的壓力點，使其感到劇痛。

1. 正面踢蹬

正面踢蹬比其他技術需要更多的平衡和訓練，而且要相當地用力。它是一種針對骨盆、襠部或大腿上部的向前猛烈踢蹬的技術。蹬擊時不要轉動膝關節，無論是否擊中目標，應迅速收腿，防止歹徒從前面對腿抓握，如果你穿的是皮鞋，可用腳尖踢出，此外，還可以用腳跟或腳掌迅速蹬擊。正面踢蹬的攻擊目標不可過高。因為攻擊歹徒中上段則上體容易向後傾斜，造成重心不穩，使攻勢失敗。最好的攻擊目標是歹徒的膝關節和脛骨，但襠部也不應被忽視，因為對襠部的攻擊雖最具效力但大多數人會有所防範，只有當歹徒較弱或疏於對襠部進行防守時，才能嘗試對襠部進行攻擊。

在歹徒逼近密集進攻時，向前蹬腿，用腳撐其腹、襠部，使歹徒難以靠近。當歹徒企圖進攻時可搶先舉腿蹬其腹、肋部，如果歹徒企圖以腿攻來時，可搶先蹬腿，踏其動腿一側的腰部或大腿根部，後發先至制於半勢之中。

（1）左蹬踢

由格鬥勢開始，抬起左腿至腰部高度，右腿稍彎曲以控制平衡，接著借身體重心前移慣性，利用膝部的反彈力快速由曲到伸直線蹬擊，同時送髖，擊完恢復格鬥預備姿勢。（圖4－46～圖4－48）

圖4－46

(2) 右蹬踢

由格鬥勢開始,抬起右腿至腰部高度,左腿稍彎曲以控制平衡,接著借身體重心前移慣性,利用膝部的反彈力快速由曲到伸直線蹬擊,同時送髖,擊完恢復格鬥預備姿勢。(圖4-49~圖4-51)

圖4-47　　　　　　　　　圖4-48

圖4-49　　　圖4-50　　　　　圖4-51

2.掃 踢

掃踢來勢兇猛，功效顯著，但比起前踢，則需要更高的技藝。胸部以下的任何部位都可以用掃踢進行攻擊，尤其是肋部、下腹部、腹股溝、襠部、大腿和小腿。施用掃踢時，所選目的地區域越高，則越有失衡和身體復位較慢的風險。

攻擊身體中部之踢法一般在歹徒揮拳擊空時，乘隙而入，攻擊腹肋，可使歹徒猝不及防而中招。低位掃踢是格鬥的骨幹腿法，主要攻擊歹徒的膝部或腿內外兩側，其攻防兼備，攻擊可令歹徒雙腿發燙發軟，使其站立不穩，攻防不便。守則可使歹徒腿攻受到破壞，使其腿攻失準。擅長用低掃踢的人常先用手法佯攻，分散歹徒注意力，而後實施掃踢，使歹徒上下難以兼顧而奏效。

(1) 左腳掃踢

在格鬥勢的基礎上，左腿提膝向側面抬高，以右腿為軸，向右旋轉，甩動左腿，用力扭動臀部，帶動左腿由外向上、向前弧形擺踢，力達腳背，踢完恢復格鬥姿勢。（圖4－52、圖4－53）

(2) 右腳掃踢

在格鬥勢的基礎上，右腿提膝向側面抬高，以左腿為軸，向左旋轉，甩動右腿，用力扭動臀部，帶動右腿由外向上、向前弧形擺踢，力達腳

圖4－52

背，踢完恢復格鬥姿勢。(圖4－54、圖4－55)

3.前　踢

前踢是用腳尖或腳背由下向上彈踢歹徒的腿法。前踢是一極具隱蔽性的動作，因為缺少臀部及上身動作，很難令歹徒捉摸你的意圖。從攻擊角度來看，歹徒也很難防

圖4－53

圖4－54　　　　　　圖4－55

禦。前踢的攻擊目標是歹徒的腹部和襠部，由於腳尖細，力量集中，攻擊這些部位容易奏效。

但用此技的條件是必須與歹徒正面相峙，如果歹徒做出側立的防衛勢就不易成功。

當歹徒在我攻擊其上段，集中精力進行防守而放鬆對自身下段的防守時，我則迅速用前踢攻其中下段。前踢在實搏時可與任何腿法組合施用，一般多以佯攻形式作為組合攻擊的前奏，為後續招法創造戰機。

(1) **左前踢**

在格鬥姿勢的基礎上，右腿前跨，左膝抬起，以膝關節為軸，小腿向前上方彈出，擊完迅速恢復格鬥姿勢。（圖4－56、圖4－57）

(2) **右前踢**

在格鬥姿勢的基礎上，左腿前跨，右膝抬起，以膝關節為軸，小腿向前上方彈出，擊完迅速恢復格鬥姿勢。

圖4－56　　　　　　圖4－57

圖4－58 　　　　　　　　圖4－59

（圖4－58、圖4－59）

4.側踹腿

　　這種踢法是用腳底從側面攻擊歹徒的強力腿法，它是一種僅需很少時間就能掌握的腿法。其主要攻擊歹徒的大腿、膝關節及脛骨等目標。在以側踹攻擊歹徒脛骨時，身體應略向左轉去防禦襠部，然後迅速抬起右腳用腳側踹擊歹徒脛骨並順此滑落下來，直到用腳跟踩中歹徒的腳完成整個動作，此時歹徒受擊俯身彎腰，下巴向外伸出，正是掌根或上勾拳重創其下巴的絕佳時機。

　　側踹除用於主動攻擊外，還是極佳的阻止打擊的腿技，多用來阻截歹徒的低踢攻擊或前逼攻擊。比如當歹徒企圖出腿攻擊還沒有完全踢出時，我迅速用前腳側踹歹徒小腿脛骨，連消帶打、攻守合一。再有，當歹徒逼近欲攻，在其攻擊尚未到達時，可用側踹快速踢擊歹徒膝部或脛骨，遏制歹徒攻勢，後發先至，以攻為守。

（1）左側踹

從格鬥姿勢開始，右腿稍屈，身體略右偏，左腿屈膝抬起，腳尖勾起，以腳掌踹向目標，擊完迅速恢復格鬥姿勢。（圖4－60、圖4－61）

圖4－60　　　　　　　　　圖4－61

（2）右側踹

從格鬥姿勢開始，向左轉體180°，同時，右腳提膝前抬，上體順勢側傾，在抬腿的同時，小腿外擺，腳尖勾起，以腳掌向目標踹出，擊完恢復格鬥姿勢。（圖4－62～圖4－64）

圖4－62

圖4－63　　　　　　　　　　圖4－64

四、肘法攻擊技巧

肘擊是身體武器中的最佳工具，肘擊的範圍小而銳，穿刺能力強。其威力不但瞬間可使歹徒頭破血流、傷筋斷骨，而且還可能危及歹徒的生命。又因為肘擊的運行範圍僅限於上臂所能達到的地方，其攻擊力更直接，肘擊又具有強力與快速的特性，因此，阻截肘擊是很困難的事。肘擊技術由腰勁與髖勁的應用更具有強猛的殺傷力，雙手必須用全身的力量才能阻截停止肘擊。

在近距離打鬥時，從哪個角度實施肘擊都是相當有效的。雙肘幾乎與雙手同樣具有萬能的作用，只不過使用距離要短些罷了。由於它們離身體最近，因而比雙手更具潛在的威力。但是與雙手相比，雙肘缺乏感覺力、準確度和切砍能力。在貼身打鬥時，雙肘可輕易地實施上挑、側部

戳擊等動作，在適當距離的扭鬥過程中，還可用雙肘實施向下砸擊。

　　肘部通常在手法攻擊受阻或者在難以用手擊打的時候，才動用雙肘。在原則上雙肘的使用與用拳頭實施的方式基本相同。

1. 肘部側戳

　　肘部側戳勁疾而短，動作隱蔽兇猛。肘部的側戳技術適合於抗擊從側面發動攻擊的歹徒。把要用的手臂甩到胸前，盡可能甩得遠些，掌心向內，然後用肘尖瞄準正衝過來的或站在那兒的歹徒，沿原路線戳擊。擊打目的地區域為太陽穴、喉部、下頜、兩腮、眉梢、鼻梁、胸膛和軟肋。

　　打鬥中與歹徒接近時，猝然抬臂施肘，利用蹬地搓身或擰腰側身的衝力，以肘尖撞擊其面部。運用肘部側戳歹徒，關鍵是要大膽及時地逼近歹徒，身心合一迅猛出擊。當歹徒氣力不支、漏洞百出時，可果斷直入內圍，借進步前衝之勢，猝然縮臂屈肘襲擊歹徒面部或胸膛，很有功效；或當歹徒縱步躍來重心不穩之時，以頂肘截住對手前衝的上體。當自己被歹徒組合拳法狂攻，處於被動局面時，可提雙拳緊護頭部，上體左右轉動招架，在消解歹徒攻勢的同時，伺機挺身提肘迎擊歹徒心窩或軟肋，這是一種攻防兼備的打擊技術。

(1) 左肘側戳

　　在格鬥預備姿勢的基礎上，左腳向前跨一步，右腳猛然蹬地，重心向前移，同時左前臂縮臂屈肘，拳心向下平

圖4-65　　　　　　　　圖4-66

抬，用肘尖領先直線向前撞擊，力達肘尖，擊完恢復格鬥預備姿勢。（圖4-65、圖4-66）

(2) 右肘側戳

在實戰姿勢的基礎上，右腳快速前跨，重心向前移；同時，右前臂縮臂屈肘，拳心向下平抬，用肘尖領先直線向前頂擊目標，力達肘尖，擊完恢復格鬥預備姿勢。（圖4-67、圖4-68）

2.下砸肘

對摟抱自己腰或大腿的歹徒，可用肘部向下砸擊。把用於攻擊的手臂抬高，肘尖瞄準歹徒脊柱、頸部或肋骨腔一帶狠狠砸下去。下砸時須以身體下壓增力，動作先起後沉，一氣呵成。

砸肘應借腰部屈伸和身體下壓之力猛剁歹徒，其攻擊入裡透內，凌厲兇狠，有立竿見影的摧毀性。但施砸肘招，先要屈肘向前上掀抬而後下擊，因而動作幅度較大，

圖4－67

圖4－68

若使用不當，破綻是十分明顯的，易使自身中門大開被歹徒迎擊。因此，歹徒處於直立狀態時不能運用砸肘直接攻擊。運用砸肘進行防禦，可化解歹徒的膝頂、腿踢，在歹徒貼身和前抱時，施此招猛砸其後心、後腦、肩部效果甚佳。

（1）左下砸肘

在格鬥預備姿勢的基礎上，左前臂縮臂屈肘，肘尖上抬，右拳護住頜部，身體迅速下沉；同時，左肘由上向下砸擊，力達肘尖，擊完恢復格鬥預備姿勢。（圖4－69～圖4－71）

（2）右下砸肘

在格鬥預備姿勢的基礎上，右前臂縮臂屈肘，肘尖上抬，左拳護住

圖4－69

頷部，身體迅速下沉；同時，右肘由上向下砸擊，力達肘尖，擊完恢復格鬥預備姿勢。（圖4－72～圖4－74）

3.上挑肘

上挑肘的技術，在原則上與上勾拳實施的方式基本相同。在打鬥時可以用任何一臂發上挑肘攻擊歹徒的頭部和

圖4－70　　　　　　　圖4－71

圖4－72　　　　圖4－73　　　　圖4－74

軀幹，也可以用上挑肘進行防守反擊。在歹徒身體直立時不要使用上挑肘，否則易遭到歹徒的直拳截擊。當歹徒兩側防守嚴密而中門空虛時，可用上挑肘突入擊打其胸腹。

上挑肘運用場合：對峙時，拳頭虛探，猝然屈臂以上挑肘猛挑歹徒心窩；歹徒快速逼近企圖施展箍頸膝撞毒招時，我抓住歹徒空門，搶步以上挑肘猛挑歹徒下巴、喉結；疾步向前，伸手推撥開歹徒拳頭，使其上段漏空，同時以上挑肘上挑敵面頰，等等。

(1) 左上挑肘

由格鬥預備姿勢開始，左腳前跨，後腳緊跟，蹬地、挺身、屈肘、提肩，用左肘尖由下向上方迅速挑打，擊完恢復格鬥預備姿勢。（圖4－75、圖4－76）

(2) 右上挑肘

由格鬥預備姿勢開始，左腳前跨，蹬地、挺身、屈肘、提肩，用右肘尖由下向上方迅速挑打，擊完格鬥預備

圖4－75　　　　　　　　圖4－76

圖4-77　　　　　　　　　　　圖4-78

實戰姿勢。（圖4-77、圖4-78）

4.橫擺肘

　　橫擺肘是以肘從側面沿弧形路線擊打目標的招法，其優點是除了有擰腰轉體之力外，還可利用腳趾蹬地力量以及前移來增加殺傷力，因而其威力甚大，可在突然間對頭部或身體造成傷害。

　　橫擺肘可攻擊歹徒太陽穴、面頰、下頜、頸部、肋部等要害部位，如歹徒疏於防禦頭部，用橫擺肘效果最佳。其用於防禦可平掃歹徒高位腿或拳擊。在貼身摟抱纏鬥之時，可猝然屈臂成肘突襲歹徒側面，功效甚佳。

　　橫擺肘是屬可隨機應變的、變化較多的招法，可從多個角度重創歹徒，故除了常規水平橫擺外，在垂線180°內，任何角度皆可發肘，所發出的遠肘路線成斜上擊或斜下砍的區別。有時由側面揮肘上衝而後由上朝下擊，肘尖

146

在空中劃一半圓，角度刁鑽，難以防守。

　　橫擺肘一般與擺拳或直拳相連貫而應用，在擺拳或直拳擊出後迅速屈肘，利用身體扭動而產生的慣性向歹徒的腮、頸、頭、胸及兩肋的某一部位猛擺。還可突然變招改用挑肘，至下而上挑歹徒下巴。

　　⑴ **左橫擺肘**

　　由格鬥預備姿勢開始，左腳前跨，身體右轉，以擰腰之力帶動左肘由左向右橫擺，擊完後恢復實戰姿勢。（圖4－79、圖4－80）

　　⑵ **右橫擺肘**

　　在格鬥預備姿勢的基礎上，左腳前跨，身體左轉，以擰腰之力帶動右肘由右向左猛擺，擊完恢復格鬥預備姿勢。（圖4－81、圖4－82）

　　5.後擊肘

　　後擊肘是危急時藉以解圍的招法，當歹徒自後面進

圖4－79　　　　　圖4－80　　　　　圖4－81

圖4－82

襲、摟抱、箍頸時，屈肘攻擊歹徒，從而變被動為主動。向身後發動反向肘擊時，應先將要用於攻擊的臂在自己身前展開，之後迅猛地把肘掄回，肘尖瞄準歹徒；同時，腳步邁回，以給肘部增加撞擊力。

當背後被接近的目標壓迫或失位背向歹徒時，使用後肘招法向後朝目標猛力撞擊，往往可化險為夷。歹徒從後面摟抱我腰而兩臂外露時，可迅速旋身轉體用側後擊肘猛頂歹徒腹肋。當歹徒從後雙手將我攔腰抱住，雙臂被抱在裡面，而歹徒沒有完全箍緊之時，迅速屈肘外撐，用後擊肘猛頂歹徒胸肋，可收到出其不意之效果。

五、膝法攻擊技巧

膝是貼身扭鬥的最佳擊打武器。在近距離打鬥中運用踢技是不切合實際的，膝擊則是最具效力的。膝擊時加用髖勁更加強了膝擊的威力，加之其進攻路線短、撞擊速度快，特別是膝招隱蔽性好，因而其攻擊殺傷力大，成功率也較高。膝從包括水平、豎向、斜向在內的許多不同角度做撞擊，能迅速耗竭歹徒的耐力，使其氣勁大泄，進而為重創歹徒創造機會。

在使用膝法時，如能很好地與箍頸、拉肩等動作配合，先緊箍住歹徒，不僅可以控制住歹徒，還可以使攻擊

力倍增。貼近歹徒時,沿著歹徒脖頸兩側伸出雙臂,雙手在其脖後緊扣在一起,將其脖頸夾住,立即對其施加壓力,並合攏自己的雙肘,以防歹徒掙脫。同時用力將歹徒的頭扳按到自己的胸前,來控制其身體活動,然後以膝撞擊。

膝招攻擊的部位主要是腿、髖、腹、襠、肋、胸、頭等。對上述任意一個部位做膝撞,都有可能使敵昏厥,甚至膝擊擊中身體的某些目標就能使歹徒在地上癱成一團。當歹徒站立時,其襠部是最理想的攻擊部位。當初次攻擊令歹徒俯身彎腰時,接下來可用膝進行二次性重擊,目標在歹徒的頭面,若攻擊到位,歹徒立即癱倒在地。

許多自衛教練警告說,他們反對使用膝擊攻擊襠部,他們說:「歹徒常常很注意對襠部的防護,攻擊襠部較難,而且一種糟糕的嘗試只會更加激怒他們。」以上所說也許合乎某些邏輯,但對那些在街頭有被侵襲體驗的人,有些情況下提膝反擊是唯一可行的方案。

膝法無論是在襠部還是在大腿外側區域實施都會產生高強度的痛感,對大腿外側的撞擊雖然不像襠部被撞造成那種疼痛類型,但是足以使你的手追加擊打將歹徒擊潰。在一些特殊情況下,膝關節作為人體最強大的關節,提膝反擊具有強大的殺傷力,在特定的情況下是攻擊歹徒襠部的主要武器。

要實施提膝反擊,為了保持身體平衡儘量輔以箍頸、拉肩等動作,彎曲任意一個膝關節並向上猛烈撞擊。假如在1～2次嘗試後歹徒還沒有倒下,在他處於疼痛狀態

時，你可以用手指摳其眼睛或鼻孔，或以掌根猛擊其鼻梁，歹徒會疲於應付，你可以隨意著手後續的打擊。

1.前衝膝

前衝膝相對其他膝技而言，攻擊距離較遠，雙方沒有任何的身體接觸，所以進攻必須嚴密遮護自身頭部等要害部位。當歹徒向前猛衝時，運用前衝膝撞擊極為有效。歹徒還正處在移動的過程中，用膝撞擊，二力合一。

前衝膝常配合上步、墊步等步法實施，進攻時可藉助蹬地摧身之力，攻擊力強猛。其攻防兼備，封擋皆宜。在中距離對峙時，以雙手虛晃掩護，進步提膝向前衝撞對手的小腹、襠部、心窩。

前衝膝在實戰中運用方式多種多樣，主要用於中距離對峙時，以手架開歹徒拳攻，迫使對手空門大露，趁機跨步切入施衝膝猛撞歹徒。也可先以手法攻擊其面部，以迷惑歹徒，封鎖視線，趁歹徒忙於應付手部動作時，趁機施膝攻擊。

⑴ 左前衝膝

在格鬥預備姿勢的基礎上，右腳上前半步，身體自然前移，重心落在右腳；提左腿，仰身送髖，屈膝前撞，以45°角向斜前上方猛撞目標，力達膝尖，擊完恢復格鬥預備姿勢。（圖4－83、圖4－84）

⑵ 右前衝膝

由格鬥預備姿勢開始，左腳前跨，身體重心前移，重心落於左腳；提右腿，仰身送髖，屈膝前撞，以45°角向斜前上方猛撞目標，力達膝尖，擊完恢復格鬥預備姿勢。

（圖4－85、圖4－86）

2.上衝膝

上衝膝是膝技中最基本的技術。上衝膝適於內圍纏鬥。在歹徒貼身抱摔或摟抱纏鬥時，能直接撞擊歹徒要害，在使用上衝膝時，多以單手或雙手向下扳拉的動作相

圖4－83

圖4－84

圖4－85

圖4－86

配合。一旦抓住歹徒，攻擊腿馬上直線後撤，從而為向上擺膝擊中目標提供了足夠的空間。當出膝前撞時，其力從髖出。為了增加額外的撞擊力，要求有支撐腳的腳趾著地的提踵動作，使整個身體向前滑出，使膝撞更具殺傷力。同時以雙手扣住歹徒的頸部回拉。

上衝膝攻擊的主要部位是歹徒的大腿、髖部、腹股溝、太陽神經叢、肋、頭面。上衝膝亦可用於防守下段，如歹徒用腳向自己中段掃踢過來，立即提膝格擋防守。

(1) **左上衝膝**

在格鬥預備姿勢的基礎上，右腳前跨並支撐身體重心，左腿屈膝，以膝關節為力點，迅速提起，向上頂擊，擊完恢復格鬥預備姿勢。（圖4－87、圖4－88）

(2) **右上衝膝**

由格鬥預備姿勢開始，左腳支撐身體重心，右腿屈膝，以膝關節為力點，迅速提起，向上頂擊目標，擊完恢

圖4－87

圖4－88

復格鬥預備姿勢。（圖4－89、圖4－90）

3.斜側膝擊

在與歹徒摟抱扭打時，有時連施展上衝膝都比較困難。這時可實施扭抱斜側膝擊。膝撞時，兩手緊箍歹徒頸部，側提膝，使臀部和腿部後移，緊接著以45°角從側面以膝撞擊歹徒的腰肋、斜肌、髖關節。假如歹徒摟抱你過緊，則應放低目光，以斜側膝猛擊歹徒之大腿。

斜側膝擊在歹徒中線戒備森嚴，正面衝膝難以奏效或與歹徒形成有利於實施斜側膝的角度時，可產生很好的效果。在扭抱纏鬥時，可用雙手摟住歹徒身軀、頸部、頭部中某個部位拉拽扳按，迅速擰腰轉髖，猛烈側撞歹徒，使攻擊力倍增。

（1）左側膝

在格鬥預備姿勢的基礎上，雙手前提，右腿支撐身體，身體向右側傾，左腿屈膝橫提，猛力擰髖，沿弧形軌

圖4－89

圖4－90

跡撞向目標，擊完恢復格鬥預備姿勢。（圖4－91、圖4－92）

（2）右側膝

由格鬥預備姿勢開始，雙手前提，左腿支撐身體，身體向左側傾，右腿屈膝橫提，猛力擰髖，沿弧形軌跡撞向

圖4－91　　　　　　　　圖4－92

圖4－93　　　　　　　　圖4－94

目標，擊完恢復格鬥預備姿勢。（圖4－93、圖4－94）

六、頭部攻擊技巧

　　頭擊最初是用在古朝鮮武術中，但是現在大多數的體系中都能見到，並且在綜合格鬥中已證明了它的效力。在自衛中，頭部經常離目標很近，而且其攻擊性易被歹徒忽視，加上頭部的堅硬，如果適時地以頭撞擊，定會取得重創對手的效果。頭撞技術在酒吧的酒鬼之間非常流行，這一技術通常在雙方爭執的過程中突然使用，往往使受害者防不勝防。

　　無論你在站立或是倒地都可以使用頭撞技巧。如果你是站立，這個動作做起來有些像出拳，只是把後腿作為發射的平臺。如果你與歹徒扭鬥，你可以反覆採用頭撞歹徒的顴骨，並以此打開缺口。無論哪種情形，帶有足夠力量的短距離頭撞都可以擊破歹徒的面部。

　　當與歹徒纏身扭鬥，常規武器難以實施時，以頭攻擊歹徒最為理想。頭撞前、後、左、右的目標均可。頭撞最有效的目標是歹徒的鼻子、眼睛、下頜、太陽穴、耳後神經。要避免攻擊嘴部，因為歹徒的牙齒使攻擊者有受傷的機會。

　　當雙方扭在一起的距離範圍內，你的前額又恰好處於歹徒胸部處，這時利用頭頂部向上猛抬的方式，從下面攻擊其下頜。

　　當你被歹徒從身後抱緊，上體難以動彈，此時可將頭微屈，突然挺頸後頂，用頭後部撞擊歹徒面部。這一招較

難實施，因為頂撞時無法看清歹徒，撞擊效果可能不甚理想。因此，後頂這一招要配合踩腳、抓臂等動作，效果更佳。

向對手臉部或眼睛吐唾沫，是一種用來分散歹徒精力的辦法，你可借此更好地抓握住歹徒或向其發動攻擊。在扭鬥的近距離範圍內，牙齒也能派上用場。在貼身纏鬥時，你就會發現鼻子是歹徒臉上最容易讓自己牙齒湊上去撕咬的部位。另外還可以用牙咬耳朵等任何突起的部位。用嘴咬聽上去很血腥，很不雅觀，但是想想另一方面：街頭打鬥或許性命攸關，那麼現成的這麼優越的武器幹嗎不用呢？

七、身體武器的訓練方法

1.空 擊

先講究技術規格，學會格鬥勢出招，然後從原地訓練過渡到結合各種步法訓練，再過渡到步法中進行各種技法組合訓練，使技術與實戰緊密聯繫。結合步法練習，重點應解決身體上下的協調配合，做到步到拳到，發力完整。

基本技術熟練後再進行假想空擊練習，此種練習是與假想的歹徒進行實戰的徒手訓練。訓練時如臨大敵，全神貫注，反覆設想在各種情況下進攻歹徒和防守反擊。因為假想空擊是沒有對手的徒手練習，很容易使習練者鬆懈大意，盲目胡打，漫不經心、沒有任何戰術意識。這種無目的的訓練使習練者水準難以提高。在每次假想空擊訓練時，每一招都必須包含有的放矢的戰術意圖，要有一絲不

苟的作風，為實戰訓練打下堅實的基礎。

　　自由組合練習既可提高組合技法的速度、平衡、節奏、協調等能力，又可訓練出個人風格的組合技法。同時它還能豐富練習者的戰術思想、攻擊意念及想像力。

　　訓練時，可按組合技法的要訣與原理，結合自身的條件、素質、技術特長，自由組合、編排數種組合攻擊技術，進行反覆練習。訓練各種技法的協調配合，進退的平衡，以及連環出招落空時的收勢回防的連貫性。以動作流暢，收發自如，節奏適宜為度。例如「左直拳－右戳指－左擺肘－右頂膝－左底掌－右側踹」的組合攻擊技法。（圖4－95～圖4－100）

　　2.擊打靶墊

　　靶墊是自衛術培訓中必不可少的器材，而且也是所有技擊術練習中常見的用具。擊打靶墊是訓練學員準確打擊、擊打速度、反應速度、擊打距離感、維持身體重心平

圖4－95　　　　　　　圖4－96　　　　　　　圖4－97

圖4－98　　　　　　圖4－99

圖4－100

衡能力的一種絕佳的訓練方法。持靶人揚出什麼樣的靶
位，練習者就打什麼樣的招法。持靶人遠距離單手揚出靶
墊，靶心向前，就用直拳擊打（圖4－101）。持靶人雙手
揚出靶墊，靶心向前，就用左右直拳打靶（圖4－102）。
持靶人左手持靶，靶心向右，就用左擺拳擊打靶心（圖

4－103）。持靶人右手持靶，靶心向左，就用右擺拳擊打
靶心（圖4－104）。持靶人左手持靶，靶心向下，就用左
上勾拳擊打靶心（圖4－105）。持靶人右手持靶，靶心向
下，就用右上勾拳擊打靶心（圖4－106）。

圖4－101　　　　　　　　　圖4－102

圖4－103　　　　　　　　　圖4－104

圖4－105　　　　　　　　　　圖4－106

　　正常練習時，習者還須做一下自衛動作。而在數人排隊輪流擊打時，可不做此自衛動作。持靶人要隨時調整、變換靶的高度以及與習練者之間的距離。

　　習者對擊打靶墊的練習熟悉後，持靶人就可口令指揮，控制練習，他會喊出令習練者出擊的打法，比如「雙擊、左勾拳、右擺拳」。同時，他及時變動靶墊的位置、距離、高度去接受所指定的擊打。持靶人並不是站在一個位置不動，他要經常移動位置，迫使學員練習步法。習練者每次完成他的擊打或組合拳後，持靶人就要移到一個不同的位置。

　　靶墊對練習正面快踢（利用腳背）及擰身掃踢都是適用的，對發展踢打的準確性、機動性、靈敏性和力量有極大幫助。置於持靶人髖部高度的靶墊可用於練習低位擰身踢腿（圖4－107）。如置於腋窩相對高度的位置，靶面

朝外，適於訓練中部的撐身踢腿（圖4-108）。如置於腹部高度，靶面朝下，可用來訓練用腳背發出攻擊的前踢腳（圖4-109）。

持靶人在體前橫側偏前方舉起靶墊，靶墊面朝外，高度同持靶人的頭部，可用於訓練瞄向頭部的掃踢。這裡示範的是踢擊小靶墊。其實，踢擊大型靶墊效果更佳。

圖4-107　　　　　　　　　　圖4-108

圖4-109

圖4-110　　　　　　　　圖4-111

練習膝部攻擊技術時，持靶人把一個靶墊緊貼自己的大腿，靶面朝外，習練者揚起膝蓋，以側膝撞擊靶墊。要想訓練膝部上揚式的撞擊，持靶人應把兩隻靶墊都置於自身體前，約腹股溝高度，右手搭左手上方，兩靶面都朝向地面。習練者可握住持靶人的手臂，抬起膝部撞擊。或者抓住持靶人肩部的衣服向靶墊施膝攻擊（圖4-110、圖4-111）。這裡示範的是膝擊小靶墊。其實，膝擊大型靶墊效果更佳。

3.擊打模擬人

在自衛術培訓中，也應配置與真人大小相似的模擬人，模擬人的手臂、頭、腿應齊全。在模擬人身上標好要害部位。令習練者在它身上訓練已學過的拳腳技術。擊打時從不同位置，用手、腳、膝、肘、頭各部位以盡可能快的速度毫不留情地攻擊這些模擬人。

我們可以在距離模擬人眉心以下的地方綁上紙殼圓筒來模擬咽喉，用它來練習劈掌、掐喉和指關節攻擊效果絕佳。擊打眼睛和咽喉也要配合滑步和後撤步。還可以給模擬人戴上帽子、眼鏡、圍巾或穿上衣服，使訓練更加接近於實戰。

在練習時一定要把模擬人當成你的敵人，假想與歹徒打鬥，想像對手的變化，從而做出誘攻、閃躲。不要掉以輕心，隨隨便便地亂打幾下，否則在真正實戰的時候非常容易失效。練習時想像要真切合理，如同實戰，同時動作配合要有章法，亦攻亦收，精神集中。

4.擊打練習袋

擊打練習袋可能是練武者所瞭解的最古老的訓練方式了。儘管它有些老古董的味道，但它可訓練習者手腳肘膝的力量，能改進技術、協調動作，增加擊打速度，控制出招距離等。

拳打練習袋時要儘量將拳握緊，手腕挺直，放鬆手腕易挫傷腕關節。擊打部位應是練習袋正中部，切不可擊打兩側正面，以免打轉練習袋使手腕手指挫傷。拳打練習袋有遠距離和近距離兩種打法。遠距離主要練左右單發直拳和左右直拳連擊（圖4－112、圖4－113）。

近距離逼近打法，主

圖4－112

163

圖4－113

要練習擺拳和勾拳（圖4－114～圖4－117），練習體力和耐力。逼近打法不要讓練習袋回到垂直線就逼近連續擊打。這樣練習袋就有一種回擺來的壓力，就有一種逼近打法的逼真感覺。

腳踢練習袋時要注意接觸位置的正確性，出腿時機不對的話，可能會使腳踝受傷。必須注意只能用腳背和脛骨抽擊練習袋。以腳尖踢，不但難以發揮威力，還容易把腳踢傷。踢腿時機，最好在練習袋擺至垂直位置時擊中練習袋。

踢擊的正確部位是練習袋弧形凸起最大的部分。踢擊練習袋的瞬間，支撐腳突然轉動，才能踢出有力的腿擊。

圖4－114

圖4－115

練習袋最適於練習前踢、掃踢、側踢和後踢（圖4－118～圖4－122）。

把練習袋平放於地面上，也是訓練踹踢能力的好工具。訓練低位踢擊及橫掃動作時，建議用一個長2公尺低

圖4－116　　　　　　　　　　圖4－117

圖4－118　　　　　　　　　　圖4－119

空懸垂的練習袋（圖4−123、圖4−124）。

肘擊練習袋時，先用左直拳擊打練習袋，使其後擺習袋，同時身體前壓以增加擊肘的力量（圖4−126～圖（圖4−125），在練習袋回擺瞬間，蹬腳扭腰以肘攻擊練

圖4−120   圖4−121

圖4−122   圖4−123

4－129）。

　　上下配合協調完整。在訓練肘擊練習袋時要細心體會正確技術及發力方法；逐步由單招肘擊過渡到雙肘連續猛撞練習袋訓練。

圖4－124　　　　　　　　圖4－125

圖4－126　　　　　　　　圖4－127

在這種練習袋上訓練膝部攻擊能力的絕佳辦法就是給練習袋穿上「衣服」，可用一個寬鬆的袋子套上練習袋，或用舊衣服給它套上。這樣，習練者就能夾緊或抓住它，並用膝部撞擊，就像撞擊一個真的對手一樣。（圖4—

圖4—128　　　　　　　圖4—129

圖4—130　　　　　　　圖4—131

圖4－132　　　　　　　圖4－133

130～圖4－133）

5.模擬實戰訓練

格鬥術最實用的訓練方式還是應與一位或多位陪練員進行實戰對練。

實戰是粗野的，也是令人恐懼的，更是難以預測的。因此，你不能完全依賴於程式化的訓練，這不是推測，而是被無數士兵和員警的經歷和死亡報告所證實了的。那些訓練有素的特種兵和員警認為，當遇到亡命之徒時，受傳統模式訓練的人將難以取勝。事實上，在一個實際的襲擊過程中人的行為非常雜亂無序，腎上腺激素分泌加快，生理時鐘時快時慢，生理調節亂而無序。這時你可能會感到心裡發慌、驚慌失措，無法控制自己，感到有拳發不出，有腿踹不動，致使許多可以利用的時機白白錯過。綜其原因，其主要之一就是在訓練中根本沒有施加緊張感和恐懼感，沒有在實戰的危險中進行訓練。

　　進行模擬實戰時，為了避免意外的發生，陪練人通常穿一身保護服（有時自己還穿保護服）。保護服將所有的要害部位都保護起來，尤其是頭部，頭盔上面覆蓋有厚厚的泡沫。襠部有兩層保護層來分解和緩衝擊打力。防衛者就可以隨意打鬥而不必擔心會傷到隊友。「敵人」用真實的語言和身體姿勢，加一些簡單而粗暴的動作來攻擊受訓者。受訓人嚴密防守同時全力高速地打擊「歹徒」的要害部位。

　　若想使所學到的格鬥技術確實有實用價值，必要的做法就是在真實的環境中進行格鬥訓練。學員學習的格鬥技術大部分將在複雜的環境中使用，因為大部分攻擊和打鬥將在那裡發生。在複雜環境中訓練能使學員從中受到啟發，它們將幫助學員適應在遭遇到真實打鬥時應付各種狀況，諸如各種崎嶇不平的地面，建築物內部有桌椅及其他物品的環境裡。在真實的環境中，格鬥技能被多次反覆訓練，以至於無論遇到何種打鬥實境，這些格鬥技能已成為學員身體本能自覺反應機制的一部分。

　　在模擬模擬訓練時，存在著幾個基本原則。

　　第一，要施加真實的危險因素。讓扮演劫匪的人真正去進攻那些受訓學員，如果受訓者鬆懈大意、漫不經心，那他們將會在一定程式上受到傷害，這樣一來就迫使受訓者不得不採取一些簡易明快的措施予以反抗。訓練時可以設置一些恐怖的狂吼和污穢的場面，為受訓學員提供模擬模擬的危險環境，可以在能見度較低、移動空間有限和沒有退路的地方進行格鬥訓練。讓受訓學員身臨其境，真正

處於那種危機境地，鍛鍊學員的反應能力和在險境中的打
鬥能力。

　　第二，身著你日常穿的衣服進行打鬥訓練。因為便裝
和攜帶物在打鬥時會嚴重阻礙你可動用的肢體武器。所有
的學員都必須定期穿著便服來進行打鬥訓練，而不能只穿
運動服。

　　第三，我們推崇的方法注重的是用一種不合作的方式
進行實戰對練，強調的是意外的東西。

　　一個搏擊體系若把上面說的那些理念融入日常訓練之
中，就會比其他的訓練體系更能夠發掘學員的快速反應能
力。也就是說，一種搏擊體系在傳授格鬥術時能夠以一種
動態的、無限制的方法進行訓練，就會比那些訓練方法死
板的搏擊體系更加能發展學員的實戰反應能力。

第三節　格鬥技戰術及訓練方法

一、先發制人

　　如果你沒有用計謀和智慧去避免與歹徒面對面和即將
來臨的暴力衝突，那麼你就會受到傷害。特種格鬥術提倡
在歹徒攻擊之前搶先出手並乘勝追擊直至歹徒徹底喪失戰
鬥力為止，以便讓你安全脫離危險。如果你等待著最終證
實歹徒的攻擊，它常常會使你受到嚴重的傷害。一旦你決
定在歹徒出手前攻擊對方，你必須迅速制服歹徒致使其沒
有能力來傷害你，如果你認為可以用別的方法去有效防禦

一個健壯和很有技巧的歹徒是不現實的。

因為暴力衝突與拳賽不同，街頭打鬥時，歹徒的攻擊突如其來，他們會突然撲向受害人並在數秒鐘內結束戰鬥，絕大多數情況下，受害者沒有時間去閃躲、封阻或逃脫。如果你突然襲擊，出奇制勝，在歹徒尚未來得及反應時結束戰鬥，將其制服，那麼你既贏得了勝利，又把這場格鬥的危險係數降到了最低。

自衛術的專家們在經歷了許多街頭衝突的實踐後，深深地體會到有些人對正當防衛的認識還存在有很多錯誤的看法。

其中一種是當暴力衝突即將來臨時，有些人仍想以和平的方式化解危機，但往往事與願違，常常會出現因自衛者心理和身體上的準備不足而使其受到嚴重傷害的現象。

因為一種和平的解決方案需要雙方共同的努力，如果一方有明顯的使用武力的跡象，他最大的可能是選擇打擊你而很少選擇離開你。假如一種攻擊即將來臨以及不存在逃脫之路，要懂得能夠讓自己安全的最佳辦法就是打擊和制服對手。

先發制人訓練提要

在訓練時，一旦你的訓練夥伴靠近你，立即打擊他。你應該清楚，街頭逃生取決於你快速、猛烈、致命的反應。快速的反應（具體的反應方式並不重要）比遲緩的反應要好得多。

如果行動遲緩，再正確的反應都毫無意義。如果你懂得了這個道理，你就應該記住，你在道館裡面練習的技擊

術在面對真正的實戰壓力時都是沒有作用的。

　　模擬訓練時，訓練夥伴全副武裝，所有的要害部位都有保護，尤其是頭部，好像一個橄欖球運動員戴的頭盔，用厚厚的泡沫製成，練習者可以向他施以猛烈的擊打。

　　①當歹徒與我對峙，我突然以雙手合拍敵人雙耳，奏效後雙手順勢下扳歹徒頸部，用左膝撞擊歹徒面部。（圖4－134、圖4－135）

　　②當歹徒與我對峙，我先以右彈踢攻擊歹徒襠部，歹徒以手臂下移防守，我迅速以左掃踢攻擊歹徒肋部。（圖4－136、圖4－137）

圖4－134

圖4－135

圖4－136　　　　　　　　　　圖4－137

　　③當歹徒與我對峙，我突然以左拳攻擊歹徒眼睛，歹徒防守，我收回右手的同時以右彈踢攻擊歹徒襠部；緊接著，我順勢用右手臂將歹徒脖頸纏鎖於我右腋下，同時用左手抓牢自己右手腕助力，窒息歹徒。（圖4－138～圖4－140）

圖4－138　　　　　　　　　　圖4－139

④當歹徒與我對峙，我以左底掌攻擊歹徒下巴，接著以左掃踢攻擊歹徒膝關節外側，左腳落步，以右上勾拳猛擊歹徒腹部；上右步，左手臂將歹徒脖頸纏鎖在自己腋下，窒息歹徒。（圖4－141～圖4－144）

圖4－140　　　　　　　　圖4－141

圖4－142

圖4－143

圖4－144

二、遭到拳腳襲擊時的防衛

歹徒並不喜歡與你進行公平的打鬥來制服你。他喜歡在你毫無防備或者出乎你意料的時候實施打擊。他想要給你造成嚴重的傷害。在他達到目的之前，他不會停止攻擊。在他的心裡，最好的方法就是在傷害你時，你毫無反抗能力，沒有防守、沒有格擋。面對突如其來的打擊，你首先做出的反應就是盡可能地保護自己的身體不受傷害，同時也要為自己找到合適的位置進行還擊。

特種格鬥術自始至終都把防守與反擊作為一個整體看待，防守與反擊雖然在理論上可以區別開來，但在實戰中絕不可把二者分開，也就是一次防守必須伴隨著反擊。即使在不利情況下後退，也必寓含著隨時反擊的餘地，而更多的是在後退中依然有進攻。

實踐證明，搏擊時應對對手進行快捷兇狠的攻擊，如果採取消極防守而不敢反擊的話，那麼只能在歹徒的狂轟濫炸之下失敗。

防守與反擊兩者關係密切，因而訓練時一般將這兩種技術結合在一起進行訓練。

1.針對前手攻擊的防守反擊

對來自前手的擊打進行防護時，防衛者應該：

①用自己的後手擋住，同時前腳向前移動。

②以左勾拳攻擊歹徒頭部，同時右手移到歹徒的頸部後面，鎖定其頭部並控制歹徒的右臂。

③雙手向下扳按其頭。

④用膝部向上迎撞歹徒面部。

⑤緊抓住歹徒頸後部，以掃踢將其摔倒在地。

2.針對後手直拳攻擊的防守反擊

①抬高你的雙手，以前手格擋來拳。

②雙手向側面引導歹徒的攻擊手並順勢下拉使對方失去重心。

③向外側實施鎖臂技術。

④用一手纏住歹徒手臂，並用另外一隻手下拉歹徒頭部，再以頂膝迎擊其面部。

3.針對上鉤拳攻擊的防守反擊

①用前手進行低位的封阻。

②用後手拍擊歹徒的肘部內側，迫使歹徒露出空檔。

③用前手攻擊此空檔，同時後手移動到歹徒頸後部以控制其上體。

④雙手用力向下扳按歹徒頭部。

⑤用膝部猛撞歹徒面部。

⑥緊抓歹徒頸後部,以掃踢將其摔倒在地。

⑦利用毒招打擊歹徒,結束打鬥。

4.針對前踢的防守反擊

①抬高前手準備防守,後手在躲避歹徒來腿的同時從下向上抓住其踝關節。

②用前手纏抱歹徒腿部,然後兩手協力控制住其腿。

③用另外一隻手以直拳打擊歹徒面部或以膝蓋頂其腹股溝。

④掃絆歹徒支撐腿使其倒地。

5.針對正面踢踹的防守反擊

①用前手進行格擋。

②用後手抓住歹徒衣服的後領口。

③用後腿猛力側踹歹徒膝部,使其跪倒在地。

④用前手抓、摳歹徒眼睛。

⑤強力使其頭部後仰,露出喉部空檔。

⑥用手掌猛劈其喉部,重創歹徒。

6.針對掄踢的防守反擊

①向側面閃躲,並以手臂摟抱來腿。

②用後手攻擊歹徒面部。

③用攻擊手抓住歹徒肩部,用前腿膝部頂擊歹徒腹股溝。

④掃踢歹徒支撐腿將其掃倒。

⑤以膝部向下頂擊歹徒腹股溝結束戰鬥。

7.防衛拳腳襲擊訓練提要

防衛拳腳襲擊技術需要大量的訓練，以養成對歹徒打擊速度、方向的良好判斷及防禦反擊時機的良好把握。如果你接受這樣的訓練越多，那麼你就能夠越好地感覺到對方將採取何種攻擊方式，從而為自己贏得反應的寶貴時間，並能夠在對手實施突然攻擊時進行防禦反擊。

在這樣的情景下，防禦反擊技能被多次反覆訓練，以至於無論遇到何種的攻擊，防禦反擊已成為你身體本能自覺反應機制的一部分。

8.防衛拳腳訓練提要

在進行防衛拳腳訓練的時候，訓練夥伴放慢速度進行擊打。對手的目的是要在控制你的基礎上攻擊你，而你的練習目的則是運用拳法反擊對手的身體。你必須學會找到適當的目標以拳頭反擊他以迫使其失去平衡或者阻截對手實施攻擊。

這一訓練應該集中於運用適當的技術來使你學會運用合理的身體技術以避免對手的攻擊。

①當歹徒以左拳攻擊我面部時，我迅速向一側閃躲，同時以右手擒抓歹徒左臂，以左掌沿劈擊歹徒頸部；接著以左臂箍住歹徒頸部，用力擰抬歹徒頸部，窒息歹徒。（圖4－145～圖4－148）

②當歹徒上右步側身以右直拳攻擊我頭部時，我迅速左閃，以右臂撥擋其右臂外側，身體右轉，右手順勢抓其右腕，左手推其肘，同時我右轉身以左腳踩踏歹徒右腿膝關節。（圖4－149～圖4－152）

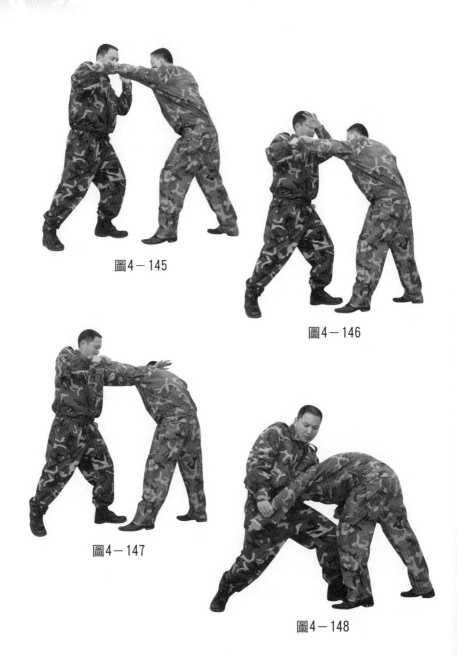

圖4－145

圖4－146

圖4－147

圖4－148

圖4－149

圖4－150

圖4－151

圖4－152

③當歹徒以右直拳攻來時，我向左側斜上步，閃過歹
徒拳後以左手按住歹徒後腦，以右手扳歹徒下巴，將歹徒
頭逆時針扭擰，致使歹徒倒地。（圖4-153～圖4-156）

④當歹徒以右腿掃踢我腰肋時，我立即垂左肘擋架，
破勢後用肘彎緊挾其腿，同時上步，用右拳猛擊歹徒面

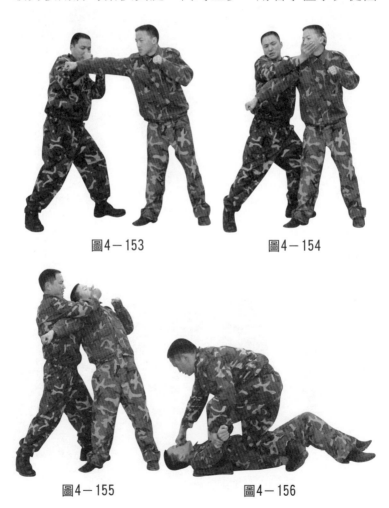

圖4-153　　　　　　　　圖4-154

圖4-155　　　　　　　　圖4-156

部。（圖4－157、圖4－158）

⑤當歹徒以左腳側踹我中段時，我上步使身體左轉90°，以雙手快速抱住歹徒踢來之腿，並迅速向左或向右猛力扳扭擰轉其腳，使歹徒倒於地上。（圖4－159～圖

圖4－157

圖4－158

圖4－159

圖4－160

4－162）

⑥當歹徒前衝以右擺拳攻擊我頭部時，我屈左臂格擋，同時以右直拳攻擊歹徒面部，如歹徒上體向左傾斜，我趁勢扳拉歹徒頸部或肩部向下猛用力，同時施右膝猛撞

圖4－161　　　　　圖4－162

圖4－163　　　　　圖4－164

歹徒襠部。（圖4－163～圖4－165）

　　⑦當歹徒以左拳攻擊我面部時，我以右臂向內格擋，並鎖住歹徒左臂，左拳猛擊歹徒面部，繼而以左腳踢擊歹徒襠部。（圖4－166～圖4－168）

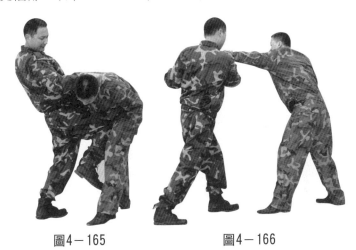

圖4－165　　　　　　　　圖4－166

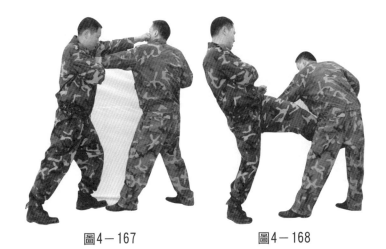

圖4－167　　　　　　　　圖4－168

⑧當歹徒以右直拳攻擊我面部時，我迅速俯身向左側潛閃，用右直拳擊打歹徒腹部；接著以左擺拳攻擊歹徒頭側，再續以右上鉤拳攻擊歹徒腹部，然後以右掃踢猛踢歹徒左小腿部，將歹徒踢倒。（圖4－169～圖4－173）

圖4－169　　　　　　　　　圖4－170

圖4－171　　　　　　　　　圖4－172

圖4－173

　　⑨當歹徒以右手抓住我的衣襟，欲以左拳擊打我頭部時，我左手緊扣歹徒的右手，右手隨即向上格擋歹徒左拳臂，同時以前額撞擊歹徒面部；緊接著用左直拳猛擊歹徒面部，歹徒受擊後退，我趁勢以左腳猛蹬歹徒胸腹部。（圖4－174～圖4－178）

圖4－174

圖4－175

圖4－176　　　　　　　圖4－177

圖4－178

⑩當歹徒以右拳砸向我頭頂時，我以左臂向上格防，同時以右直拳猛擊歹徒面部，接著雙手抱住歹徒前腿將歹徒摔倒在地。（圖4－179～圖4－182）

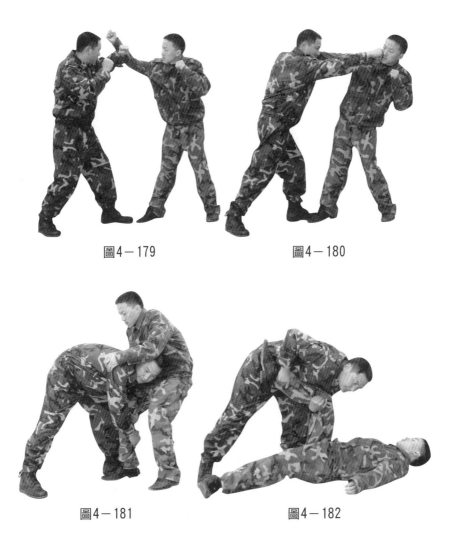

圖4－179

圖4－180

圖4－181

圖4－182

三、關節控鎖與勒脖

控鎖技術，它們應用的是物理學上的槓桿原理，在歹徒的關節處施加壓力，使歹徒關節處於非正常生理活動範圍，使其因關節劇痛而全身受制。

關節是骨與骨的連接處，由附著於關節周圍上的肌肉韌帶，在神經系統的支配下，而實現人體機能的一切運動。任何關節的本體結構和活動規範都是不可改變的。超出本體結構違反生理特點者，關節的凹凸兩面會相互脫離而造成脫臼，疼痛難熬，喪失活動能力，筋必然扭曲，不能繼續維持生理功能，而這些傷害還能使人體神經、經絡及血液循環、肌肉等受到株連。控鎖技術攻擊的目標主要是肩關節、肘關節、手指關節、腕關節等。

肩關節穩定性差，容易發生脫落。用暴力向左右擰、向後扳至極點，或以壓力擊打，會造成肩關節脫位，引起韌帶、肌肉撕裂致傷。肩關節控鎖技術最常用的技術是單臂肩扣鎖，單臂肩扣鎖又可稱為轉臂折肘，就是先抓住歹徒手臂然後向後擰轉，如果他企圖掙脫，你只需高抬其手腕即可對其肩胛產生扭轉，從而對筋腱和關節產生巨大的張力。此種技巧在捉拿犯罪嫌疑人時較常用。

肘關節活動範圍相對較小，當肘關節完全伸直時，由後方猛施壓力或將肘關節向左後、右後擰轉時，會造成關節脫臼、韌帶肌肉撕裂或鷹嘴骨折，使前臂、手部的功能喪失。與歹徒接近時，快速扣抓歹徒手腕，隨即迅速用另一隻手抓住所擒手腕的肘關節處，然後與推腕反方向扳

動其肘部，使之手肘形成「Ｓ」字型。此時如果你突施暴力，可造成歹徒手肘關節脫臼。

腕關節雖然活動範圍較大，但很薄弱，如果用力使腕向任何一個方向過渡扳擰，都能使腕部的骨韌帶損傷，可使關節脫位，韌帶和肌腱撕裂，甚至斷裂。控制鎖腕關節時，首先，要保證你的對手的手肘和腕部在一個90°的角上，這些要求你在與歹徒接觸後快速把握。然後在他的前臂形成一個「Ｃ」狀，俗稱Ｃ鎖。這種方法的優勢是，無論歹徒多麼強悍，只要你在他手腕處形成Ｃ鎖，那麼他就很難掙脫。

鎖腕動作是一個連帶性很強的攻擊方式，它不僅對腕部造成傷害還會對肘部和肩部也造成損傷。將歹徒手腕向任何方向狠勁折別，都能使歹徒劇痛難耐。

手指是關節中最脆弱的部位，掌骨薄弱，指骨細小，韌帶纖脆，末梢神經遍佈，稍稍施加壓力即可造成指關節韌帶撕裂，甚至脫臼斷裂。指關節最易控鎖。「十指連心」，一經拿制，疼痛難忍，牽制全身。

在實戰中，應用鎖指功夫能夠達到兩個目的：使站著的對手難以控制平衡，無力反抗，或者使對手摔倒於地。如果學員想讓對手保持站姿的話，他就會使出鎖指使對手失去平衡，而對手只能順勢乖乖地被操縱，或拼命掙扎，企圖滑脫。

使用鎖指的關鍵在於用力將手向後折壓、扭擰，造成其手指疼痛難忍。出於自護本能被鎖指者往往要順勢移向身體的反方來減輕疼痛。這時就能輕而易舉地牽制對手，

使他的身體隨著被控制的那隻手的方向變化而改變。如果想要對手倒地，也並非難事，此時只需改變指的角度和力度，對手就會順勢倒下，當然如果不倒的話，那就慘了，因為可能會造成關節韌帶撕裂，甚至脫臼斷裂。

頭頸是人體的要害部位之一，是打鬥中易受攻擊的薄弱目標。頭乃人體之司令部，四肢百骸的運動都受其控制，其骨質雖堅硬，然顱內有腦神經系統及血管網路分佈其中，故控鎖之可使歹徒缺氧而窒息昏迷，甚至受傷而死。頸部是頭與軀幹的重要聯繫樞紐，而頸關節僅靠一根頸椎支撐。

另外，還有頸總動脈、向腦部供血的大血管、迷走神經等重要經脈通過，很少有人能夠挺得住對頸部的勒壓。對頭頸控制的主要方法是，掐窒和勒頸。

從根本而言，掐窒和勒頸的頭部控鎖就是為了切斷歹徒的腦部供血管道。掐、勒動作，利用壓迫頸動脈和頸靜脈使供氧工作停止。掐窒的動作還能由壓迫氣管而阻斷氧氣供應。實施這些打鬥方式時，能令歹徒數秒內就失去知覺。對頸部的反關節，主要是將歹徒的頸椎向後或者向兩側突然進行猛力的改變方向，從而使其頸椎發生斷裂。

控鎖與勒脖技術訓練提要

控鎖技術動作必須建立在熟練掌握動作和熟悉人體要害部位的基礎上，並需要有足夠的力量和速度，否則很容易被對方反制。因此，訓練時要注意力量和速度的基本素質練習。同時，要結合實戰，對打、踢、擋、抓、擰、拉等動作要不斷反覆地練習，才能達到迅速控鎖對方的程

度。唯有如此，在實戰中，方能使對方束手就擒於鎖制動作之下。

在進行控鎖技術訓練時，找一名經驗豐富的訓練夥伴，誘導習者訓練控鎖技術，以此來培養習者的反應能力和正確運用控鎖技術。誘導者應及時抓住習者動作不到位之時機給予反擊，以引導習者掌握動作。陪練是控鎖技術訓練中的一個重要性環節。

應該指出的是鎖喉技術極端危險，在練習鎖喉技術時，必須非常小心，練習者同時必須很熟悉救生的一些措施，以便在危急時刻救活你的訓練夥伴。

在訓練時，同伴的喉部、食管或氣管很容易受到創傷，有時也許是終身的。施展鎖喉技術時，應當鎖住頸動脈而不是去壓迫氣管。用手指或手腕鎖喉這些技術時，很容易折斷指骨。肘鎖是種很好的快速結束打鬥的技術，因為它有很強的力度。故在你將要傷害到同伴的韌帶之前，應立即將其鬆開。

①當歹徒從前面用右手抓住我左肩時，我迅速用右手將其右手抓按於肩上，同時左臂繞舉於歹徒右臂外側，隨即以右手用力將其腕向右下方扳撐，與此同時，一邊向右轉身一邊用左手猛烈下砸其右肘，將其制服。（圖4－183～圖

圖4－183

4－185）

②我以左手扳住歹徒後頸回拉下壓於自己右腋下，接著以右臂緊緊纏絞住歹徒頸部，然後左手從歹徒右腋穿過並向上抓住其肩部衣服，控制歹徒。（圖4－186～圖4－189）

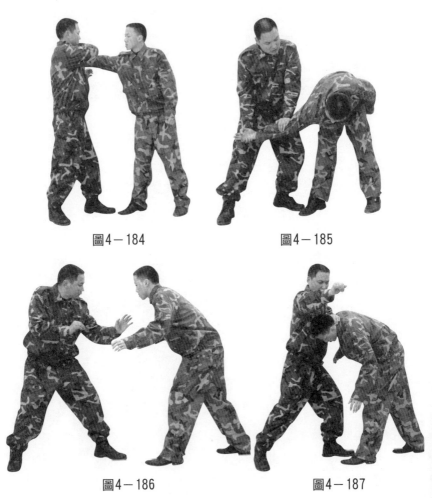

圖4－184

圖4－185

圖4－186

圖4－187

③當歹徒以左手抓住我衣領欲以右拳攻擊我頭部時，我右手抓住歹徒左手腕，左手推擋歹徒右臂，接著右腳插於歹徒右腳後；同時，右手抱住歹徒的頸部向左轉體，左手扒抓歹徒眼睛，將歹徒摔倒在地，制服歹徒。（圖4－190～圖4－194）

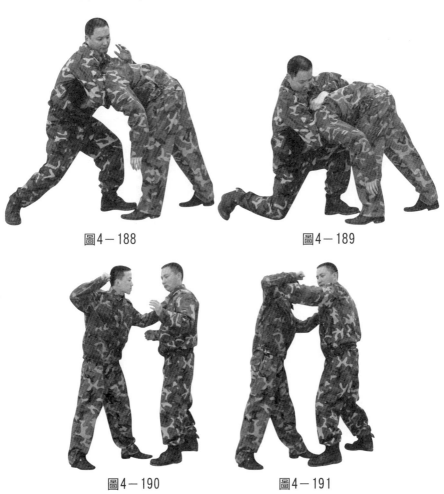

圖4－188　　　　　　　　　　圖4－189

圖4－190　　　　　　　　　　圖4－191

圖4-192   圖4-193

圖4-194

四、掙脫摟抱與鎖制

在街頭打鬥中被襲擊者抱住是經常發生的，在巷戰中歹徒也很樂意使用偷襲手段將受害者抱住。歹徒悄無聲息地從後面突然勒住你的頸部或抱住你的手臂和身體。也可能面帶微笑地從你身邊經過，在剛好走出你視線的一瞬間突然衝向你並勒住你的脖頸，而你必須採取防衛或反攻措

施。作為掙脫的重要組成部分，如果可能的話，你始終要把格鬥目標定在把對手鎖定或重創歹徒，然後再去直接處理他，把他在地面上制服。

1.正面掐住咽喉的反擊

掐咽喉是一種手段十分險惡的攻擊技術，擺脫掐咽喉的方法在解脫術中佔有很大的比例。喉部包括呼吸道和食道，如用力掐壓，就會使人頭昏、四肢無力，甚至斃命。正因為如此，許多兇殺搶劫的殺招都會瞄準此處。因而對於掐咽喉解脫法的訓練是自衛術的必修課之一。

歹徒雙手直掐住你的咽喉並將你推靠到一面牆上。此時，你應將手掌合在一起由下向上從歹徒肘關節內側向外猛分，即使他的兩手沒有從你的頸部離開，但頸部的大部分壓力會被釋放。接下來貼近歹徒用膝撞襠、杯形手拍耳、拇指摳眼等手段反擊。

或者迅速將右手從其左臂下穿過扣抓歹徒右手，同時右腳後撤，身體右轉，右手用力翻扳敵右手背，同時左手弧形按壓其肘關節。歹徒肘部受到壓迫勢必會鬆開你喉部，並迫使其上體左轉前傾。

歹徒雙手直掐住你的咽喉，這次他向後推你欲使你失去平一場力與力的較量。此時，你應抬高左臂並將右腳後撤，倘若後撤迅速，你將重新找到平衡並破壞對手的平衡使其對你咽喉的掐抓有所鬆動。緊接著，左臂向下擺動反擊歹徒的兩手腕，隨即用拳側猛砸歹徒的面部。

歹徒單手直掐住你的咽喉並將你推靠到一面牆上。你用歹徒掐頸手的大拇指所對的手臂猛力向一側拍打，致使

歹徒鬆開對你頸部的掐扼。緊接著順勢用肘關節猛擊歹徒頭部。

2.腋下纏鎖頭頸的反擊

歹徒由正前方用手臂繞壓你頸部時，為了從頭部鎖定狀態中達到解脫，你首先要把夾勒的手使勁向下拉，以減輕壓力。接下來的最佳反應手段就是抓、擠歹徒的襠部或者用拳去打擊歹徒的襠部。

3.後面鎖住頸部的反擊

當被歹徒從後面鎖住頸部時必須設法儘快解脫，否則後果不堪設想。自衛術專家指出最常犯的錯誤，當被歹徒從後面鎖住頸部時，從挾持中努力拉自己的頭，實際上，這樣做將會使窒息更嚴重。如果能夠準確把握時機，採取正確的方法進行反擊，不但能解脫歹徒的控制，而且還能給歹徒以有力的打擊。被歹徒從後面鎖住頸部時首先不能驚慌失措，應設法把喉結部位轉到歹徒內側拐彎處，以免被窒息，然後迅速反擊歹徒。可用腳後跟向後猛踢歹徒襠部或後踢敵脛骨，踏歹徒腳背，然後用肘擊、掏襠、手指戳眼等法攻擊歹徒。

歹徒由後面以右手鎖住你頸部的瞬間，你迅速低頭同時雙手抓住歹徒右手臂下拉，以減輕歹徒對你喉部的勒鎖。隨後就是用心感覺歹徒身體重心的位置，當歹徒身體靠近你背部瞬間，你上體及雙臂猛然下傾同時臀部上挑，直接將歹徒從你背後背摔過去。

當歹徒由後面鎖住你頸部用力後拉並用一條腿頂住你臀部時，你應當迅速低頭並用雙手抓住歹徒鎖喉手臂下

拉，同時順著歹徒的力量向後移動步子，將與歹徒鎖喉手臂同方向的腳置於歹徒前伸腳後側。突然發力身體後轉，並調整腳的位置，使歹徒瞬間失去平衡而倒於地上。

歹徒從身後以壓頭技法扣鎖住你頭頸部，你迅速以左腳跟向後猛力踢擊歹徒小腿脛骨。歹徒受擊發懵時，你迅速移動臀部，繞至歹徒側後。以左腳絆別其雙腿，使自己與歹徒同時仰面倒地。使自己倒在歹徒身上，倒下時趁勢以左肘頂於歹徒胸部。

4.背後抓肩的反擊

歹徒突然從背後緊抓你的雙肩，把你牢牢摁壓在牆壁上。因為難以判斷後面歹徒的情況，又難以向前逃脫，情況十分危機。

此時他有幾種手段可以攻擊你。一是對你頭部鎖定，接著摔倒你。另一種方式就是以拳猛砸你後腦等部位。此時你最好的辦法就是迅速主動前傾身體，雙手支撐在面前的牆壁上做投降狀。嘴裡也可以說些請求他放你一馬的話來迷惑他，然後，用後鞋底猛踢敵膝。如有運動空間，猛烈地向後踢擊歹徒襠部，會立即見效。

5.前面摟抱的反擊

粗野摟抱是一個強壯的歹徒或強姦犯最常做的動作，他們喜歡挑選一個較為弱小的受害者。粗野摟抱如果被歹徒正確地應用有時是很危險的，因為它會造成隔膜的麻痹，致使呼吸困難而無法呼吸，甚至會使肋骨骨折。

對付粗野摟抱你可用手指摳、戳歹徒眼睛或撕扯歹徒嘴唇，用手掏抓歹徒襠部，用牙齒去咬歹徒耳朵、鼻子等

手段。在實施上述手段後在歹徒受擊發懵瞬間，再以其他重招狠擊歹徒。

歹徒從前面以雙手將你腰部與手臂一齊抱住，你以兩掌根頂在歹徒臀骨上，兩肘頂在自己的臀骨上，由雙臂控制雙方之間的距離，同時也防止歹徒施膝攻擊。接著你以雙手迅速抱住歹徒腰部，同時右腳向歹徒左腳後上步，左手抄抱歹徒左腿將歹徒摔倒。

當你的身體和雙臂被歹徒緊緊摟抱，此時你的雙手離歹徒的襠部較近，應迅速擊打或扭抓其襠，如果擊打或掏襠還不能使歹徒鬆手，可使用踩腳背、踹擊脛骨或提膝攻擊襠部來繼續對歹徒進行有效的反擊。

6.衣領被抓的反擊

在影視作品和現實中，我們經常看到一個攻擊者牢牢控制住某個弱小的受害者，攻擊者用一隻手上提受害者的衣領，另一手拳擊他的面部。但當歹徒的雙手由於抓住你的衣領被佔用而你的雙手自由時，如果你懂得自衛防身的方法，歹徒的這種行動將會變成一種愚蠢的戰術，往往這種愚蠢的動作之後才是對受害者的攻擊，因此你有足夠的時間選擇反擊的方法和對歹徒的傷害程度，杯形手的反擊、膝部的反擊、下踹或雙重拳側對太陽穴的反擊都可以在此時發揮絕佳的作用。

7.後面摟抱的反擊

當攻擊者從後面將你腰部連同手臂一齊抱住時，你左肩下沉，右上臂用力上抬，形成上卜逆向發力，你的肩部力量會將歹徒分開，使身體掙脫攻擊者手臂的摟抱，並順

勢快速下蹲身體掙脫攻擊者的摟抱。再施以別的招法猛攻歹徒。

當歹徒從身後緊緊摟抱住你時，通常的情況下將你抱起，欲摔倒你，這時，你用右腳回勾住歹徒右腿，使歹徒難以將你摔倒。歹徒將你放下後，你雙手向前撐地，用左手後抓歹徒腳踝，右手撐地。抓穩後，雙手向上扳拉其腳，臀部急劇下挫其膝關節，迫使其向後倒。當歹徒從身後緊緊摟抱住你時，你用腳猛踩歹徒腳背是首先試用的好辦法。向歹徒脛骨施以踢擊，是令歹徒放鬆緊抱的另一有力辦法；用鞋底猛踢歹徒膝部肯定使歹徒疼痛難熬；若有運動空間，猛力後踢歹徒襠部會立即見效。

8.掙脫摟抱與鎖制訓練提要

行進間攻防訓練：在進行掙脫訓練時，你和你的訓練夥伴從某一個較遠的距離相向行走。在沒有任何預兆的情況下，對手突然撲向你並勒住你的脖頸或抱住你的腰部，而你必須採取防衛或反攻措施。透過練習，可以提高習者敏銳的反應能力。

你接受這樣的訓練越多，你就可以提前意識到對手抓住你的意圖，甚至可以感覺到對手攻擊意圖的一個動作的快慢。從而為你贏得做出反應的寶貴時間。

抓衣解脫訓練：練習時對手抓住你的衣服。你訓練的目的就是採取措施在對手實施進一步攻擊行動之前就從其控制中掙脫出來。第二階段的練習要從對手對你實施控制並欲攻擊你的瞬間開始。這種練習的目的就是提高你應對對手推拉你的同時實施攻擊的能力。

【應用舉要】

①歹徒在我左側以右臂將我頭部纏鎖於其腋下，我迅速以左手摳扒其眼睛，右手抓住歹徒襠部或外褲，兩手協調用力，將歹徒提起，猛力摔至我膝部。（圖4－195～圖4－197）

圖4－195　　　　　　　圖4－196

圖4－197　　　　　　　圖4－198

②歹徒從我右側用雙手扼住我的頸部時，我降低身體重心並且扭動身體以便於右肩可以置於歹徒右臂的外側，接著我重心抬高同時高舉右手臂順時針旋轉纏住歹徒的手臂，並且用左掌攻擊歹徒面部。（圖4－198～圖4－202）

圖4－199　　　　　　　　　圖4－200

圖4－201　　　　　　　　　圖4－202

③歹徒雙手抓住我右臂向後擰扭，我以右側踹猛擊歹徒腹部，落右腳同時再以左直拳猛擊歹徒面部。（圖4－203～圖4－205）

④歹徒從身後以右手臂箍住我頸部，以右腿頂住我臀

圖4－203　　　　　　　　圖4－204

圖4－205　　　　　　　　圖4－206

部時，我立即低頭，雙手向下拉歹徒右臂，將右腳置於歹徒右腳後側，然後猛然向右後轉體，並調整左腳，將歹徒別倒在地，用腳踩踏歹徒右肘。（圖4－206～圖4－211）

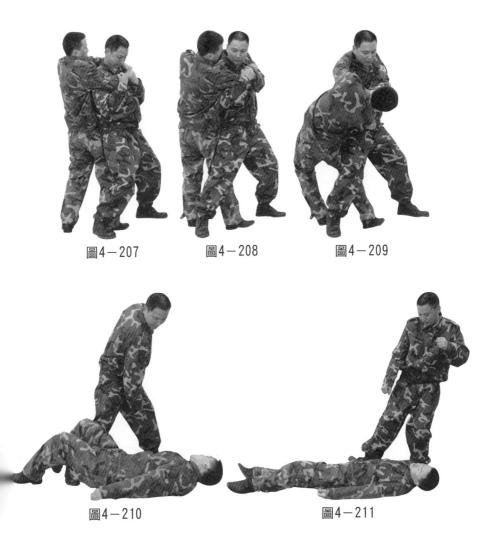

圖4－207　　　　圖4－208　　　　圖4－209

圖4－210　　　　圖4－211

⑤歹徒從前面抱住我腰欲摔，我迅速用雙手掌合拍歹徒雙耳；歹徒受擊放開雙手，我趁機以大拇指擠壓其耳後，趁歹徒因疼痛而暫時神智昏悶時，我將右腿插至歹徒右腿後側，將歹徒摔倒在地。（圖4-212～圖4-215）

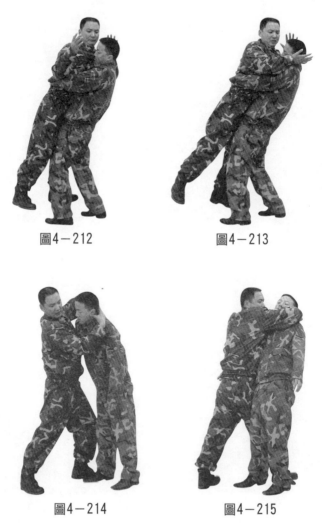

圖4-212　　　　　圖4-213

圖4-214　　　　　圖4-215

⑥當歹徒從前面以雙手抱住我腰部，我後撤右腳，兩手猛然推擊歹徒下巴或鼻子，迫使其鬆手，緊接著以右膝猛力撞擊歹徒腰肋。（圖4－216～圖4－218）

圖4－216

圖4－217

圖4－218

⑦歹徒在身後雙臂從我兩腋下上插並以雙手互扣按壓我頸部，我迅速以右腳猛力踩踏歹徒腳背，趁歹徒受擊屈膝時迅速移動臀部，繞至歹徒側後，以右腳絆別其雙腿，使自己與歹徒同時向後倒地並且使自己倒在歹徒身上，完成解脫。（圖4－219～圖4－222）

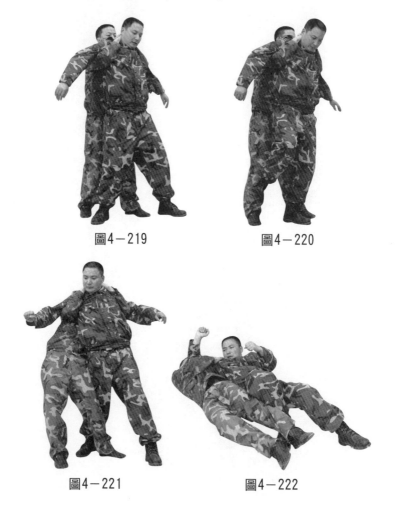

圖4－219　　　　　　　圖4－220

圖4－221　　　　　　　圖4－222

五、摔投技法

在實施拳打腳踢的距離範圍內，你進入或退出尚有隨意性。但是進入到纏鬥範圍以後，在打鬥結束前，你就很難從扭打範圍擺脫出來。因而特種部隊格鬥術理論認為，最好避免使用摔投技術。

記住：以簡練直接、準確迅猛的手足攻擊重創敵人，或與敵人打遠戰或趁勢脫逃才是安全之策略。

軍事情報訓練中心負責近身格鬥訓練的前主任雷克斯上校認為：「與摔跤相比，擊打應該永遠是被優先選擇使用的方法。」雷克斯上校在戰時積累了豐富的經驗，並為戰略服務辦公室（後來改為中央情報局）培訓了超過10000名軍事和情報人員。

當然也有其他例外的情況時，你可主動採用摔法。主動採用摔投法適於以下情形：

其一，並非生死打鬥，只需制服歹徒而不必重創時。

其二，精於投摔之法，施技有把握時。

其三，歹徒放鬆警惕，肢體處於平常之放鬆狀態時。

其四，歹徒攻防失措、技術失常時──這往往是依靠手腳之鋒線打擊造成的結果──你比歹徒更具耐力和力量上的優勢。

除此之外，如果技術不嫻熟，或技不如人，或力量不足，則不宜主動實施摔法制敵。在此類情形下非不得已，儘量不用摔投技術。

記住：以簡練直接、準確迅猛的手足攻擊重創歹徒，

或與歹徒打遠戰或趁勢脫逃才是安全之策略。你必須因勢就勢、借勢成事。

摔投可用於防衛、反擊和逃脫。與其他防衛技術相結合，摔投技術就可使防衛者有能力承受與歹徒進行一場徒手打鬥。

「出其不意」這個因素是實施摔投動作的關鍵一點，所以摔投時動作要迅捷、有爆發性。適用於應付突然襲擊的最常用、最有效的摔投技術有：過肩式摔投、抓腿摔投、掃腿下絆式摔投、臀部及大腿摔投、扭腕摔投。

1.過肩式摔投

越過肩膀向前摔，就是一手托起歹徒腋窩處，屈膝彎腰，令歹徒身體從自己肩與頭上翻過，將歹徒摔倒在地。實施這種摔法之前向其襠部施於踢擊效果更佳。這種摔法用於對抗用手緊抓住自己身體的鎖制，用於對抗脖子上的鎖定及對抗來自背後的攻擊。

防衛者先緊抓住歹徒某部位，把歹徒向自己方向拉拽使其失去重心，轉身，同時把自己左臂置於歹徒右臂下方，抓住歹徒衣服；屈膝，雙腳都置於歹徒兩腿之間，隨即快捷兇猛地把歹徒從自己右肩上摔投出去。

當歹徒從後面箍鎖防衛者頸部時，防衛者快速內收下頜，雙手用力抓緊歹徒手臂用力下拉，屁股用力後頂，使歹徒重心前挺，身體扒在防衛者後背上，接著防衛者身體繼續前挺，雙手拉住歹徒雙臂，把歹徒背到自己後背上，猛抬屁股，使歹徒騰空而起，最後拉臂、體前挺、頂臀協調連貫完成，將歹徒摔倒在地。

2.抓腿摔投

實施抓腿摔投法動作之前，先應試用一些可以使歹徒注意力分散或反應遲滯的攻擊方式，諸如用前臂攻擊鼻子或用頭撞鼻梁邊緣等方法。一旦歹徒倒地，那就任由防衛者處置了。實施投摔技術前使歹徒攻防能力下降的一個絕佳方法就是：用頭撞擊歹徒的面部，隨即，正當歹徒受擊發懵時，從前面抱住其雙腿拉抽，在歹徒背朝後倒下瞬間，防衛者可迅猛踢擊歹徒的腰背部，重創歹徒。己方也可以從後面抱住歹徒雙腿，在歹徒向前倒地時，抬腳踢擊歹徒襠部。

實施抓腿摔投前也可用拳攻擊歹徒面部，趁歹徒防守後仰時或者歹徒以拳攻你上段時，你在左臂格擋後，迅速下潛，雙手抱住歹徒膝關節；同時，用肩向前頂靠，將歹徒摔倒。

3.掃腿下絆式摔投

防衛者可用插襠下絆摔法，即用自己右腿掃絆歹徒腿部，待該腿抬離地面，就可以破壞歹徒的重心，使其向後倒。向後猛推歹徒，或用頭向後頂撞歹徒，歹徒倒地後，就可以把他制服。

利用肘擊加下絆技術：在用左手抓住歹徒的右肩時，防衛者用右肘擊打歹徒面部，同時用右腿纏繞住歹徒左腿，利用肘擊的衝力，將歹徒向後絆倒。

雙方纏鬥在一起時，由外側實施的掃腿下絆簡單高效。當然，如同所有的摔法動作一樣，這個掃腿下絆還有賴於動作快速迅猛。防衛者以左腿絆掃時，歹徒則失衡向

右傾倒。然後順勢把右腿伸到歹徒右腿後方，同時向後猛拽歹徒。防衛者始終要用頭撞、撕咬或踏踩等打擊動作掩護，以分散歹徒對摔投方面的注意力。

防衛者還可用外側踢踝式摔投，用此法時，防衛者前伸左腳，掃絆歹徒右腳，使其離地，致使歹徒失去重心，向右後傾倒。他再用右腳掃踢歹徒右腳根後部，使其失衡倒地。

掃踢踝部摔法：防衛者右腳向前，逼歹徒左腳後撤。防衛者左腳向左跨出一大步，右腳切入中間地帶，支持身體重心，掃踢歹徒雙腿，令其失去重心倒向右側，並向上躍起。防衛者快速將其摔倒。

蹲體式摔投：防衛者利用此技可致歹徒失衡倒向他的右前方。防衛者把右腳向歹徒右腳伸過去，屈左腿，右腿擋在歹徒右腳踝處，把歹徒向前挺，越過防衛者踝骨背而摔倒歹徒。

4.大腿及臀部摔投

大腿摔投與一般技術中的摔技相類似，只不過在特種格鬥術中，右手不但要抓握衣服，而且還要抓喉部。防衛者抓住歹徒的右手，右腳向歹徒右腳踢去，使歹徒失衡，向己方的右方傾斜。防衛者迅速轉身，左腳成為身體重心支點，用右大腿的內側，而且要重複地掃擊其右大腿內側幾次，把歹徒有力地從自己右大腿上方摔投出去。

臀部技術：防衛者把右腳伸向歹徒兩腳之間，破壞歹徒的重心，接著把身體置於歹徒懷內，右手抱住歹徒腰部或脖子。防衛者必須確保自己雙腳在歹徒兩腳之間，臀部

緊頂在歹徒腹股溝處，屈膝，以爆發力將歹徒從自己臀部快速摔投出去。

當歹徒從後面鎖住防衛者頸部時，防衛者快速內收下頜，雙手用力抓住歹徒的雙臂，尤其是歹徒的右手臂，同時彎膝俯身，用右腿別住歹徒雙腿，接著防衛者身體在繼續前挺的同時向左下方轉體，用右腿絆住歹徒雙腿，屁股上撞歹徒腹部，將歹徒重心控制在自己身上，最後拉臂、轉體、頂臀、別腿一氣呵成將歹徒摔倒在地。

5.扭腕摔投

扭腕摔投的實戰方法有多種。最為實用的一種方法是歹徒伸出右手抓住防衛者襯衣或衣領時所面臨的局勢。防衛者由歹徒手掌下方將左手插到歹徒握衣手的中指與食指關節之間，隨即猛然把歹徒的手向他本人方向及右側扭掰，迫使歹徒倒向地面，防衛者就此從他身上得到解脫。

歹徒倒地後，將其手臂拉直在他頭上方，防衛者踢擊其頭部。有時，歹徒可能身高體壯，防衛者可以在左手先抓住歹徒後，再以右手輔以另外的力量，協助左手將歹徒摔倒。

6.摔投技術訓練提要

要想達到對各種摔投技能的熟練掌握和運用，需要不斷變換身上的服裝，進行反覆、連續的練習。如果你是個警察、軍人、保安或其他特殊職業的人，你很有可能在街頭與歹徒打鬥時穿著全套的裝備。如防彈背心、掛套、武器、皮靴等，因此，在平時也要穿著完整的裝備進行訓練；如果你是普通民眾，居住在一種寒冷的地區，當你在

冬天穿著大衣、戴著帽子和手套時，也要嘗試著穿同樣的服裝進行練習。即使胸前或後背掛著背包等物，也要信心十足地實施摔投。如果你只穿體育鍛鍊或輕便操練服進行練習，當暴力衝突出現時，你可能會不適應或事態的發展將會變得對你不利。

一般每次安排練習摔投技術，按常規至少要5分鐘，個人練習每人每天不少於兩次。對危險性較大的練習，應採用假人進行訓練。

【應用舉要】

①歹徒與我近身扭鬥，我以前額猛撞歹徒面部，歹徒受擊疼痛分神之際，我迅速沉身抓住歹徒兩腿回拉，將歹徒摔倒。（圖4－223～圖4－225）

②歹徒由身後以右臂鎖住我頸部，我迅速以雙手抓住歹徒右臂下拉，同時臀部猛然上挑，將歹徒從頭頂背摔過去並以右腳踩踏歹徒右臂。（圖4－226～圖4－230）

圖4－223

圖4－224

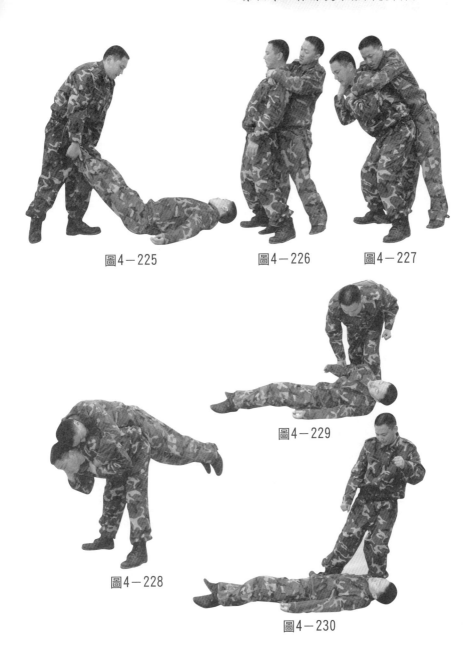

圖4-225

圖4-226

圖4-227

圖4-229

圖4-228

圖4-230

③我抓住歹徒胸部，歹徒抓住我雙臂互相推搡，我忽然向上提拉歹徒；同時，以右腳向內側掃擊歹徒左腳，將歹徒摔倒在地並以右腳踩踏歹徒腹部。（圖4－231～圖4－235）

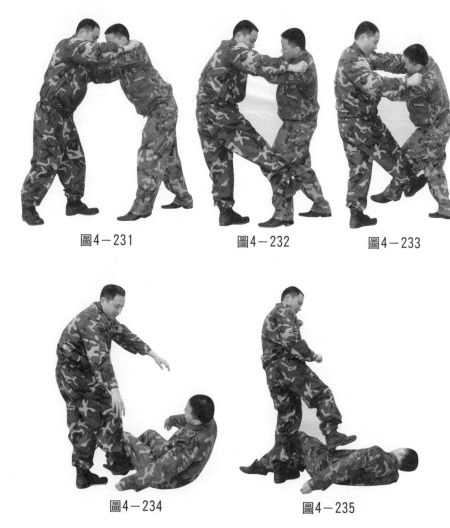

圖4－231　　　　圖4－232　　　　圖4－233

圖4－234　　　　圖4－235

六、地面格鬥法

大多數的徒手格鬥都是倒地後才結束的。倒地後的這段扭打，是整個打鬥的生死攸關階段。地面的格鬥，使掐扣和勒絞技術大有用處。

1.避免倒地

就像任何一個柔道運動員或摔跤選手可以證明的那樣，避免倒地是完全有可能的。若被歹徒上手形成摔的勢態時，則應立即重心下沉，腿腳紮穩，身體前挺，同時以雙手勾摟纏抱其上體或頸部或肩膀，使其動作受到限制，摔法無法得逞。然後再尋機以膝、肘或拳法反擊。另外若出腿被抓，處於被動時，可採用以下方法拆解：一是腿被歹徒挾持，立即以被抓腿同邊拳或肘打擊，歹徒來不及縮臂回防封擋可被擊中；二是踹腿被困，敵拿我腿欲進，可掙身屈腿再度踹之，使其不能近身，趁機收回被抓腿；三是腿被制時可將重心前移，使歹徒承受壓力而向下彎身，立即伸手扳其頸，奮力發衝膝擊之，逼使歹徒後退。

2.倒　地

在一場遭遇戰中，可能會出現防衛者身體失衡或被歹徒摔倒在地的情況，但利用身體的大塊肌肉部位（如背部、大腿、臀部等）墊鋪，就能緩衝落地時的撞擊強度，並在著地後仍能運動。這樣，你就可避免受傷或失去運動能力。

向前倒地時，兩臂迅速向前伸並稍微彎曲，雙掌心向下微垂，腕關節放鬆，倒地的瞬間，雙手成空杯形拍地，

以便能緩衝撞擊力，以兩手及兩上臂內側和腳尖著地，並將身體撐起，離開地面，防止身體撞擊地面受傷，同時抬頭、收腹、挺胸。

向後倒地時，兩臂前擺身體躍起後仰，同時收腹、屈身、低頭，以雙臂及肩、背同時著地。倒地時要憋氣。

3.倒在地上應對站立歹徒

當你倒地或被擊倒地而歹徒仍站著時，當用右膝和右肘來護衛軀幹、襠部及頭部。你倒在地上無法恢復實戰姿勢時，這種俯臥位可用於抵禦攻擊。為獲得這種防禦型的俯臥位，你需要：

①側臥身體。

②把後腿壓在身下，以求平穩。

③後臂置於身下，手掌撐地。

④以臀部為軸，用後手轉動挪動身體。

⑤前臂仍保持防禦姿勢。

⑥擺好二頭肌、三頭肌以防護肘部。

⑦翹起前腿保護襠部並可攻擊歹徒踝部、小腿、膝部、襠部。

⑧你應竭盡全力、千方百計地站立起來，恢復實戰姿勢。

在地面時，防衛者可把一隻腳勾到歹徒的前腳後面，以使自己具備一個支點，之後用另一隻腳戳擊歹徒小腿或襠部。此後，你應在歹徒受擊發懵瞬間站立起來，或者可以在歹徒每次要發招攻擊你的時候，快速地踢擊歹徒膝部或襠部。關鍵是要儘快地站立起來。若無法站起，那麼你

只能在地面位置進行攻防。如果你倒在地上，歹徒右用腿攻擊你，那麼你應該：

①抬起手臂及膝部成戒備姿勢，以遮護自己要害部位。

②用手和胳膊緩衝吸收頭部的重擊。

③尋找機會進行反擊，如抓住歹徒的腿部將其絆倒。

4.地面扭鬥

地面扭鬥中，充分利用自身的各個部位及歹徒的身體或地面來困住他的四肢，這樣才能騰出自己的手來施展格鬥的技術。一旦歹徒倒地呈現仰臥，你便可選用一系列方法迫使歹徒屈服。拳打仰臥的歹徒顯然是一種選擇。還可以騎在歹徒的身上，使歹徒不能有效地還擊和適應進行防衛，而完全被你控制。

當你處於上位，可將全身的重量壓在歹徒胸部及肋骨上，使歹徒只能顧著去呼吸。接著利用這個接觸點，在側控與頭控之間變換技術，尋找一個壓力點，控制住並且不要移動自己重心，將歹徒死死摁壓在地面上，將其制服。

當你呈仰臥姿勢且被歹徒騎於身上時，有效的逃避是搭橋和轉身技術。開始時先用力使自己的臀部向上挺起，再用雙手抓住歹徒的手臂。繼續拱起臀部，掀翻歹徒，讓歹徒打滾。緊接著騎在歹徒身上，將其制服。

歹徒騎壓於你身上時，你可舉起雙手用前臂擠壓歹徒脖頸，實施招扼式的頭部勒夾。你用雙腿夾纏在歹徒身體上，就地翻滾，結束躺臥狀態，以雙腿纏夾歹徒身體的同時，右臂繞過歹徒頸部全力扭擰，或者你也可先抓住歹

徒的雙臂，迅速將歹徒折掀。這種辦法取決於你的絕對力量，而且也要透過大量練習，熟練掌握技法要訣。

5.地面纏鬥訓練提要

特種格鬥術在進行地面纏鬥訓練時，通常在開始之前，兩名受訓者背靠背腳伸直坐於地上。當教練喊「開始」時，兩個學員在地面進行扭鬥。這種特定情景訓練要求受訓學員始終集中精力，及時處理地面上隨時可能出現的不利情況。

①地面纏鬥時，歹徒騎在我身上以左手掐住我脖子，欲以右拳擊打我面部時，我左前臂格架住歹徒右前臂，同時右臂由歹徒左腿下穿過，左手趁勢擒抓歹徒右手腕向左下拉，右臂抱住其左腿上掀，同時身體向左翻滾，將歹徒壓在身下。以拳頭連續攻擊歹徒面部。（圖4－236～圖4－241）

②當歹徒將我摔倒在地並在我體側以雙手掐住我脖子時，我高揚右腿，勾住歹徒脖子右側下壓並將歹徒的頭部夾在我大腿中間。（圖4－242～圖4－245）

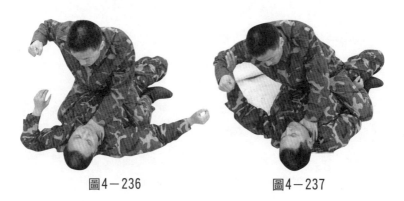

圖4－236　　　　　　圖4－237

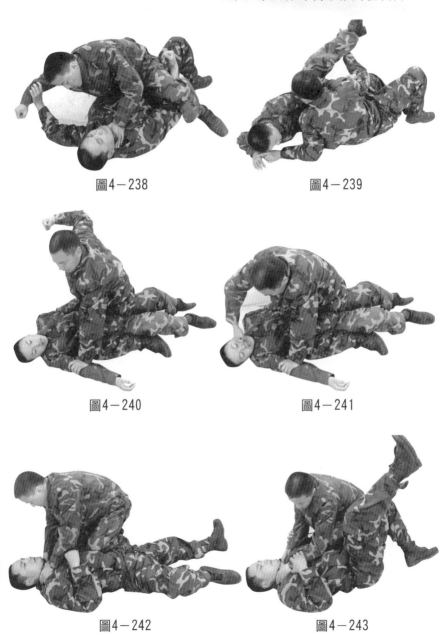

圖4－238

圖4－239

圖4－240

圖4－241

圖4－242

圖4－243

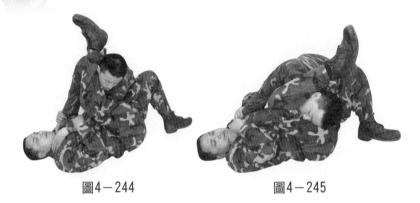

圖4－244　　　　　　　　圖4－245

③地面纏鬥時，歹徒騎坐在我身上，我抓住歹徒雙臂並滾動身體，令歹徒也躺於地上，最後以拳猛擊歹徒面部。（圖4－246～圖4－249）

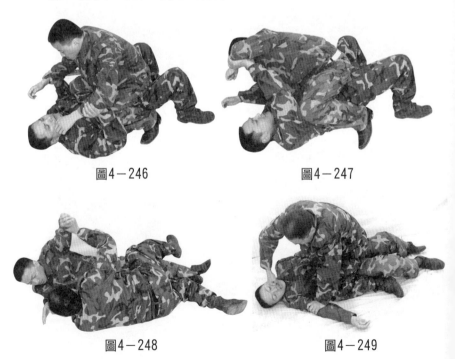

圖4－246　　　　　　　　圖4－247

圖4－248　　　　　　　　圖4－249

七、面對持刀歹徒的自衛法

在許多兇器中，刀子是最難對付的一種武器。事實上，與持刀歹徒相遇時，以赤手空拳就想對付持刀歹徒的攻擊，看起來似乎有些不太現實，因為持刀人閃電般的戳刺和揮砍，使防衛者受傷的機會非常大，刀子很快就會給防衛者造成穿透性的傷害，而身體與刀子的任何接觸幾乎都會劃出令人恐懼的傷口。

儘管這種說法令人膽寒，防衛者心理仍然明白：寧在手臂上被傷害，也不能讓歹徒砍刺到喉嚨或戳透腹部。每個防衛者心裡都明白：只要與持刀歹徒打鬥，被刀所傷是常見的，防衛者不要因此而分心。一旦受傷，應該把疼痛拋在一邊，並盡力使受傷的次數降低到最少。全身心地投入戰鬥，一旦你因受傷半途而廢，很可能就失去先機，結局就可能慘不忍睹。

對所有參加自衛術培訓的學員來講，要想使自己與持刀歹徒打鬥時安然無恙，在體力和腦力上做好充分的準備是十分重要的。所謂熟能生巧，反覆錘煉是達到這一標準的唯一途徑。對付持刀歹徒的各種技巧必須經常練習以達到肌肉「記憶」，讓最有效的奪刀方式成為人的本能性反應。

對付持刀歹徒自衛法是一種技術性較強的動作技巧。它不僅需要有嫻熟的技巧，簡捷靈便的步法和身法，同時還需要有敏銳的反應能力，勇於拼搏的作風。徒手奪刀是在綜合了踢打、摔、拿各種技術、技巧的基礎上，根據歹徒握刀的方法，刺向的位置以及歹徒的身體姿勢、持刀的

目的而實施的一項技術。它的特點是：閃躲迅速，進退適宜，抓拿格架準確及時，踢打掃絆快捷迅猛。

徒手對峙持刀歹徒要遵循以下步驟：

第一，你要和歹徒保持一定的距離，在其攻擊範圍之外並且面對著他。

第二，你要改變方向，使他失去平衡。

第三，把他的持刀手臂鎖住。

第四，利用兇猛且有決定作用的技術將其摔倒於地。

刀的主要攻擊角度有3個：向下的攻擊，斜刺脖子和直刺。但是為了全面討論，我們選了在大多數自衛術培訓班都要教授的5個攻擊角度。因為它們出現的機率更大，並且被大多數人所接受。

1.對從右上向左下斜刺的防衛

當歹徒持匕首由右向左斜下刺來，你迅速後退，與歹徒相距大約2公尺，待匕首落下後，迅速前衝，控制歹徒右肘；接著擰身轉體，然後你就可以開始反擊，使用投技將歹徒摔倒，當歹徒倒地之後，你可以鎖住他的胳膊，奪過他的武器，制服歹徒。

2.對從左上到右下斜刺的防衛

當歹徒持匕首由左上向右下刺向你，你迅速調整到安全距離；當歹徒的匕首足夠接近時，你擒住其手臂，轉身並鎖住他的手臂，保持姿勢並再一次施轉，奪下歹徒的匕首，然後使其失去重心，可以用刀的把手猛擊歹徒要害。

3.對從右向左水平刺的防衛

當歹徒從右向左刺擊你胃部，你迅速擋住他的進攻，

抓住他的手臂並向下壓，使他失去平衡，接著向反方向鎖
住他的肘部和腕部，奪去武器將其制服。

4.對從左向右水準刺的防衛

歹徒從左向右進行攻擊，你以穩固的預備式，由步法
移至歹徒攻擊範圍之外，扣住他的胳膊，然後朝相反的方
向控制住他的肘部，然後扭動此臂繼續運用你的圓形的步
法，用自身重量並扭動全身把歹徒拉倒在地，奪過刀子，
之後你即可用多種方式制服歹徒。

5.對直刺腹部的防衛

向腹部戳刺是一個直向攻擊動作，如果你動作拙滯，
則內臟會被扎透。此時你迅速抓住他的手並朝他的臉部攻
擊，可藉助慣性，使歹徒失去重心，並將歹徒摔倒在地。
他一倒，立刻用膝關節壓住他的肘部，奪下武器，制服歹徒。

6.對身後持刀逼喉的防衛

歹徒從身後一手抓住防衛者，把匕首架在喉部。防衛
者用雙手把歹徒持刀手壓平於自己胸前上部，使其無法實
施割喉動作，緊接著，防衛者屈膝沉身，將右手挪至歹徒
前臂處，同時仍緊緊鎖制歹徒持刀的手，再沉身俯腰，用
力把歹徒背到自己後背上，隨即迅速翹起臀部，把歹徒從
自己頭部徑直摔投過去。防衛者仍需注意，在把歹徒從自
身後背翻轉扔下時，仍要緊緊抓住歹徒持刀的手臂。歹徒
落地後，用右膝下砸歹徒的肋部，把他鎖定於地上，然後
以右手攻擊其喉部。

7.對付持刀歹徒訓練提要

對所有參加自衛術培訓的學員來講，要想隨時解除

歹徒手中的刀具，在體力和腦力上做好充分的準備是十分重要的。所謂熟能生巧，把格鬥技術一次又一次地反覆練習，以及逐步增大施加壓力的強度，使其適應以後實戰中的危險，這一切就意味著在遭到持刀歹徒攻擊的生死關頭，自衛技藝就會起反射，從而使防衛刀具攻擊成為你的第二本能。

一位教練如果讓一位初學防身術的學員赤手空拳地與持刀歹徒進行打鬥，這種練習方法是一種錯誤的練習方法，面對真刀，學員寧願逃走也不願在第一節訓練課上讓自己流血。讓初學者面對模擬刀不失為一種絕佳的訓練方法。與安全性的武器對練可以讓學員將訓練的注意力集中於打鬥的技術上。面對真刀，學員會忘掉訓練，將注意力集中於恐懼的武器上，而真刀的訓練也往往會讓學員們受到意想不到的傷害。

刀術防衛技能訓練的一般方式按練習順序排列如下：

①兩個學員為一組，一方為進攻方，一方為防守方。初練時進攻方將報紙卷迅速向對方刺去時，防守方要快速地抬起自己的雙手去防禦，此時要求防守者隨著對方的移動方向來移動步法。值得強調的是，不管防守方如何移動，都要與對方保持適當的距離。如果移動距離過小，難免受擊。移動距離過大，則與對手離得太遠，反擊時打不中對手。

②受訓人戴上護目鏡，陪練手持沾過顏料的大刷子攻擊受訓者。這時候，受訓者的身上佈滿了被大刷子攻擊留下的印跡。

③徒手與持模擬刀的陪練對練，經過訓練，防禦能力達到高水準後，逐漸用真刀訓練。教練應當保護那些面對真刀的學員，對他們的安全負責。教練應該在訓練學員的刀術防衛技能的同時訓練他們的心理素質。訓練中攻擊者與防衛者應該彼此信任，互相配合，要讓學員確信訓練中不會發生意外傷害事故。

④在學員經受了一段與持刀人搏鬥的技術訓練後，又一次啟用大刷子練習法。這時學員就能看明白：他們利用自己所掌握的技術躲過了多少相當於刀傷的印跡。他們也能清楚，訓練到何種程度自己才不會被比首傷害。

【應用舉要】

①歹徒右手持刀向我胸部刺來，我向左前方上步躲開來刀；同時，以右手擒抓歹徒右手腕，以左掌拍擊歹徒襠部。（圖4－250～圖4－252）

圖4－250　　　　　　　圖4－251

　　②歹徒持刀刺我腹部，我向左側閃的同時，以右臂格擋歹徒右肘關節，接著右臂順著歹徒手臂上移，上右步於歹徒右腳後，以右肘頂撞歹徒頸部，然後以右手控制住歹徒頭頸將歹徒摔倒。（圖4－253～圖4－255）

圖4－252　　　　　　　　　　圖4－253

圖4－254　　　　　　　　　　圖4－255

③歹徒右手持刀由上向下刺來，我迅速上左步，以左手緊抓歹徒肘部，緊接著以右插掌直擊歹徒喉嚨，右腳上步於歹徒右腿後，右手摟住歹徒頸將歹徒別倒。（圖4－256～圖4－258）

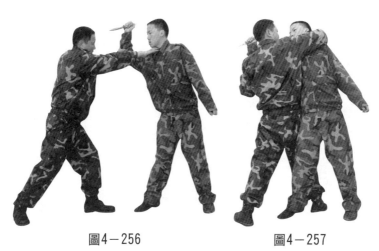

圖4－256　　　　　　　　　　圖4－257

圖4－258

④歹徒持匕首由上向下刺我面部，我立即以雙手成十字形格架其持刀手腕；同時，以右腳彈踢歹徒腹股溝；緊接著以右手擒抓歹徒腕向下擰轉，並以左拳側向下猛力砸擊歹徒肘關節。（圖4－259～圖4－262）

圖4－259　　　　　　　　圖4－260

圖4－261　　　　　　　　圖4－262

八、面對持槍歹徒的自衛法

現在全球社會恐怖主義肆虐和槍械武器日漸橫行。一般歹徒都持有槍械進行犯罪活動，尤其是手槍。但是，並不是每個自衛術培訓班都能保證它的課程涉及到與持槍者相峙的自衛方式。手槍自衛術是特種格鬥技戰術課程中最重要的一部分，這種戰術一直還在不斷的完善之中。

特種格鬥術理論告訴我們，對槍的防衛要使之僅僅停留在威脅階段，不能使歹徒有開槍射擊的機會。一旦歹徒開槍，對於防衛者來說，縱使技藝精絕，恐怕也難逃被擊中的命運。所以，所有防衛的重點在於歹徒開槍之前就對其發動進攻。防衛者一旦被歹徒用槍逼住，要先做的就是舉起雙手。這一動作完成幾件事，首先，你做這樣的舉動，會給歹徒一個錯誤的資訊，他認為你已經被馴服而不是打算反抗。其次，將雙手抬起到防守，能調整一個有利於奪槍的好位置，因為該處距目標較近，奪槍反攻容易奏效。一旦把手臂舉起來，防衛者就準備執行防衛所必須的動作程式。奪手槍時，一般常用的技法為鎖腕和鎖指。鎖腕可以輕鬆地解下手槍，鎖指會在解槍的過程中將歹徒的手指弄斷。

一般情況下，持槍歹徒不會讓防衛者靠近而實施奪槍，所以防衛者應採用一種戰略方法來拖延時間靠近持槍歹徒，最終將其制服。在與持槍歹徒對峙時，防衛者首先流露出自己面對歹徒槍時的驚慌失措，讓歹徒相信，你是何等的柔弱和不堪一擊，你完全在他的掌握之中，以此來

減少他的警惕性。武器使歹徒擁有極強的安全感，所以歹徒很重視並且十分依賴它，特別是你表現出驚恐之後。因此防衛者應該立即舉起雙手，並向他求饒，在祈求時，慢慢靠近歹徒，同時保持手部的晃動，讓歹徒認為是因為防衛者過度驚恐而引起的顫抖，而實際上是防衛者在為精確的反擊做準備。待時機成熟，與歹徒距離適中時，便於以較小的動作抓住手槍，令它偏離防衛者的身體。

緊接著用一隻手擊打整個手槍後部，另一隻手拽開槍筒，同時朝相反的方向迅速轉身，躲開手槍的直射範圍。然後用拽住槍筒的那只手從下向上、向前推，此時也可以膝攻擊，以使歹徒儘快倒地。

受到從背後被槍頂住的攻擊是非常危險的，因為防衛者根本無法看到後面。被歹徒用槍逼住後，防衛者應慢慢微縮身體，進入防衛預備姿態，同時雙手向上舉起表示屈服。隨即身體迅速向左後擰轉，用左臂猛磕歹徒持槍手臂，並將歹徒手臂控鎖在自己腋下。隨勢用右底掌猛擊歹徒下頜，此時注意要把持槍手臂斜倚在自己體側。

歹徒用槍從後面指住防衛者後腦時，防守者要緩緩微縮身體，雙手向上舉起，似有馴服之意。緊接著身體迅速向左後擰轉，以左臂擊打歹徒持槍的手臂，使之偏離我方身體。然後以擺肘猛擊歹徒下頜部，同時身體斜靠在持槍的手臂上。繼續保持使歹徒持槍手臂被鎖夾於自己體側，右腳跨於歹徒右腳後，以右腳掃絆歹徒右腿，同時用右掌根擊打歹徒肩膀。摔倒歹徒後，防衛者用右膝向下狠擊歹徒肋部，然後以右手猛擊歹徒喉部。

　　反擊背後持槍歹徒時，兩腳儘量前後分開，便於迅速
撐身閃躲。由於在完成動作瞬間背向歹徒，對歹徒的姿勢
和距離難以判斷，防槍反擊是非常危險的，必須是槍口頂
住頭部和背部時才能實施動作，否則貿然轉身攻擊，由於
離歹徒太遠，難以成功，無異於尋求自殺。反擊體側持槍
歹徒時，兩腳最好平行站立，便於左右快速移動。無論採
取何種防槍動作，都要與身體躲閃動作同步進行，這樣可
以使攻防動作更加安全，並且一定要使槍口遠離身體。

　　一種典型扣壓人質的特定情節是：一個歹徒用左臂勒
住人質的頸部，右手持槍指住人質的太陽穴。對付這種情
況的第一反應是：開始必須先用左手與歹徒的武器進行接
觸。因為當歹徒站在你背後控制你時，由於槍口指向你頭
部的右側，往往歹徒的身體也偏向右側，他無法看到你左
手的活動情況，而當他看到你的左手移動時，你已經猛推
手槍打到其面部並迅速向外扭轉槍口或指向其面部。

　　用左手反擊歹徒持槍的手可以給你提供抓握手槍或持
槍手腕的機會，但動作必須迅速精確，要立即對持槍手臂
進行控制並使槍口遠離你自己。

　　要達到解除歹徒手槍的目的，使用左手迅速向外側
扭轉他的右手腕，抬起右手迅速握住槍筒並用兩手繼續向
外側擰轉，當把歹徒手臂擰轉至你身體前面時，將歹徒摔
倒在地。用手保持對持槍手腕的控制，同時，右手奪下手
槍。最終，左手緊抓歹徒右手腕，右手用槍背抵住歹徒的
肘部，實施反關節和鎖腕技術牢牢控制歹徒。

　　值得注意的是，此時不能用右手反擊歹徒襠部、腳

踩歹徒腳背、後踢歹徒脛骨或襠部等手段攻擊歹徒。否則你自己可能會被子彈擊中。因為歹徒的手指在扳機上，你擊打歹徒所造成的疼痛將刺激他手部的肌肉收縮和手槍走火。因此最優先的處理是：不能盲目反擊去增加他持槍的優勢，而是首先要躲過槍口的射擊範圍。

1.對付持槍歹徒訓練提要

特種格鬥術專家認為學習手槍防衛術並不需要防衛者一開始就知道手槍如何使用，怎麼辨別槍聲以及它是如何被用於犯罪的。因為，當你聽到槍聲的那一刻，你根本就不清楚到底發生了什麼。

反持槍者的自我保護技術要求學員們不但能掌握，而且要將它變成自己一種本能的打鬥技術。對於一名防衛者來說，如果你沒有本能的格鬥技術，就想對持槍歹徒大打出手，等待你的只會是流血、死亡。自我防衛訓練的基礎不是熟練的技術構成完美的動作，而是完美的訓練創造完美的技術。反覆地練習就成為提高水準最保險的方法。以各種速度進行沒有夥伴和有夥伴的練習，不斷鞏固正確的姿勢並培養對技巧的感覺，把防槍技術練就成為第二本能。

(1) 假想空練：

假想歹徒持槍指住學員不同的部位，學員以相應的方式進行防衛。訓練時如臨強敵，要有實戰意識。

(2) 對抗訓練：

陪練持假槍指住學員。學員根據陪練指住的部位、角度，反覆練習推抓手槍、閃躲、打擊、控鎖等動作，直到快速、熟練為止。

2.對付持槍歹徒應用舉要

①歹徒右手持槍頂住我胸腹部，我雙手上舉，表示屈服。然後，我立即以左手向右推抓歹徒持槍手腕，同時向側方移動身體，避開歹徒的射擊線。緊接著我用右手抓住歹徒手槍將其奪下。趁勢以左手攻擊歹徒咽喉，然後向後移動並用手槍瞄準歹徒。（圖4－263～圖4－268）

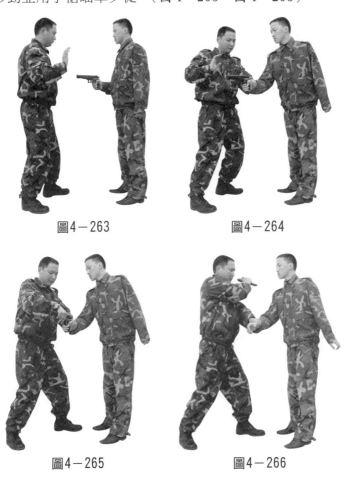

圖4－263　　　　　　　　圖4－264

圖4－265　　　　　　　　圖4－266

圖4-267　　　　　　　　圖4-268

②歹徒左手持槍從側面頂住我右太陽穴時，我慢慢舉起雙手，忽然向右轉身，用右手抓住歹徒左手上托，接著右手抓住槍身，左手抓住歹徒左前臂。兩手合力將歹徒持搶手向外側扳別，然後左手扳開其持槍手掌，右手抓緊槍身，奪下手槍，並砸擊歹徒頭部，制服歹徒。（圖4-269～圖4-274）

圖4-269　　　　　　　　圖4-270

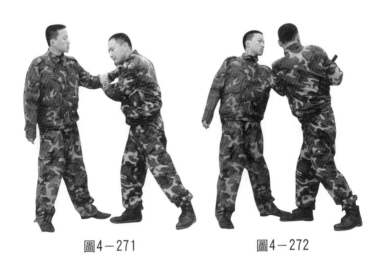

圖4－271　　　　　　　　圖4－272

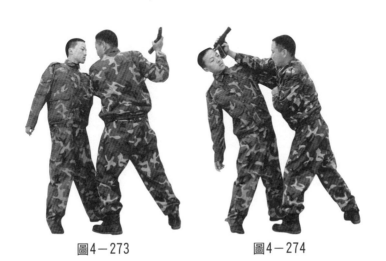

圖4－273　　　　　　　　圖4－274

③歹徒右手持槍對準我胸部時，我舉起雙手，忽然以左手握住槍身擰轉，同時以右拳猛擊歹徒面部，接著再以右手抓握槍身，將其奪下，砸擊歹徒。（圖4－275～圖4－279）

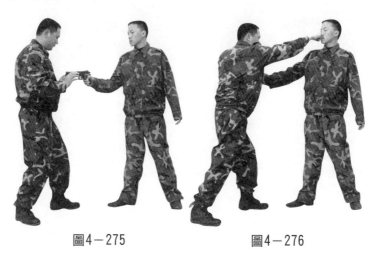

圖4－275　　　　　　　　圖4－276

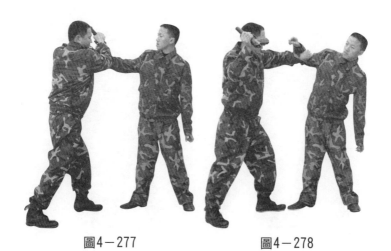

圖4－277　　　　　　　　圖4－278

圖4－279

九、面對持棍歹徒的自衛法

在遇到使用棍棒的歹徒時，你需要集中精力解決的問題是：你應該盡可能地接近歹徒，使他沒有機會、沒有空間組織進攻。

這樣做有兩個原因。第一，如果你與歹徒距離較近，那麼他就無法在狹小的空間使棍棒產生足夠的打擊力度。讓歹徒處於有棍難使用、有力使不出的劣勢。這樣你就能輕而易舉地化解歹徒的衝力。

第二，因為在攻擊失效之後，歹徒必將重新調整他的攻擊角度，實施再一次的打擊，而這時你早已處於戰鬥的位置，預備再一次反擊歹徒。

一般人在遭遇到歹徒舉起棍棒要擊打時，會不由自主地縮身後退，但實際上那樣做可能更加危險。從來沒有一

個下狠心的歹徒會是只揮棒一次便停止的，如一次擊打沒有奏效，後續打擊會接踵而至，繼續攻擊防衛者，不給防衛者任何喘息之機，直至將防衛者徹底制服為止。與其在那兒疲於奔命，還不如勇敢地衝向歹徒。

歹徒揮棍從上向下砸你上體。在進行防衛時，你要面對歹徒，以常規的格鬥式備好站姿，雙手抬高至胸部。接著迅速接近歹徒，以手臂快速實施向外的高位封堵。這時候，用左手把歹徒持棒的手臂纏抱在自己體側。同時把歹徒向自己左側推移，使其雙腳分開，為你實施掃腿絆摔創造良機。順勢就用右掌根猛擊歹徒，手腳交叉發力，將其摔倒在地。

當歹徒以正手棍擊時，你擺好防衛姿勢，雙膝略屈，雙手上抬置於中心位置。歹徒以棍棒劈擊時，你要用雙重封堵狠狠打擊其前臂部位，一手截擊其腕上部，另一手截擊其肘下部。趁勢擒抓其腕部扭轉，使其棍棒喪失威力。接著，你在將其右臂扭住向前拽拉時，視歹徒頭部當時的位置，以右肘猛擊歹徒太陽穴或下頜。

當歹徒以反手棍攻擊時，你實施雙重封堵，抓扭歹徒的腕部以及以掌根劈打肘部等。你可施以錘式鎖定、令其手臂受損等動作，接著在夾制住歹徒握棍手臂的情況下，攻擊其眼睛及喉部。

雖然歹徒的棍棒大多數情況下會攻擊你頭部，但也有可能擊打手臂和肋部。所以當歹徒向手臂和肋部擊打時，防衛者必須調整自己的封堵技術。

如果腿法技術較好，在反擊持棍歹徒時，可直接以踢

技阻截。

當歹徒的進攻衝力徑直向下，在他棍棒向下劈擊時，你快步靠近他，施後轉踢攻擊，或者用一個低位掃踢動作就可以破壞歹徒的平衡狀態，將其踢倒。

不要使用前踢或側踹動作來防衛棍棒的進攻。如果你的後轉踢未能奏效，不要緊，你不會受到打擊。因為你和棍棒的位置不是垂直相對的，你不在他的打擊範圍之內。萬一你被擊中了，也不會造成太大的傷害。但是，如果你實施的是一個前踢動作，而且這個前踢動作沒有擊中歹徒，你就危險了。因為這時棍棒直直地對著你，而你無法傾斜身體以避開他的打擊。側踢同樣有著如此弊病。因為你幾乎不可能立刻擺脫掉打擊，那麼棍棒這時就準確無誤地擊打到你的身上。如果前踢動作沒有奏效，重新保持你身體的平衡也是很難的。

1.與持棍棒者格鬥的防身術訓練提要

(1) 假想空擊

假想歹徒以棍攻擊，自己做相應的防守動作後，再攻擊歹徒。

(2) 不接觸的攻防練習

陪練持棍模擬攻擊，受訓者防守反擊。開始可規定只做單招進攻，逐漸過渡到組合攻擊，動作由慢到快，由易到難。

(3) 實戰對練

兩人身著護具，陪練用橡膠棍進攻，受訓者防守反擊。訓練時重點體會和觀察棍棒的運行路線和力點及反擊

時機。

2.對付持棍歹徒應用舉要

①當歹徒持棍由上向下劈我頭部時，我迅速上左步貼近歹徒，用左手臂緊夾歹徒右手臂，以右手指戳摳歹徒臉部；接著右手繼續向地面壓推，同時左腳插於歹徒右腳後別其腿，將歹徒摔倒在地，制服歹徒。（圖4－280～圖4－284）

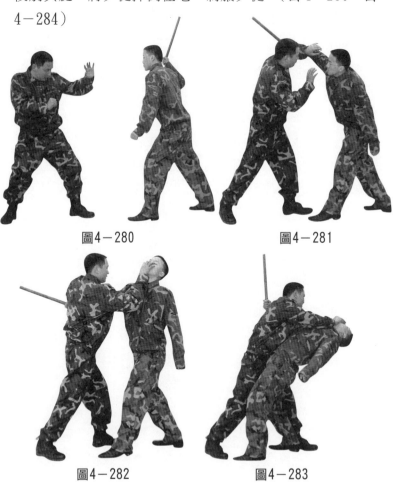

圖4－280　　　　　　　圖4－281

圖4－282　　　　　　　圖4－283

圖4－284

②當歹徒持長棍橫掃我頭部時，我向側面躲閃，趁歹徒長棍揮過擊空之時，我迅速以左腿旋踢歹徒頭部。（圖4－285、圖4－286）

圖4－285

圖4－286

③當歹徒持棍從前面攻擊我時，我迅速貼近歹徒，以手臂護住自己的頭部，然後以左手控制歹徒右手臂，以右擺肘猛擊歹徒面部，再以右膝撞擊歹徒腹股溝。（圖4－287～圖4－291）

圖4－287

圖4－288　　　　　　圖4－289

圖4－290　　　　　　　　圖4－291

第四節　保鏢器械防衛格鬥術

一、利用警棍制敵

　　由於警棍能對他人造成傷害，也能置人於死地，因此保鏢必須小心地使用它。什麼時候使用警棍呢？很顯然，在對方不抵抗的情況下，對其使用警棍就很不合時宜。

　　根據「反抗—反應」動態模式的基本原則，以及相關法律的規定，警棍只能對積極反抗者，或者被判定為對別人構成直接威脅的人使用。這種威脅一旦消失，就必須馬上停止對歹徒擊打。如果你與歹徒生死搏殺，那你就放手攻擊歹徒。

　　警棍進行制敵練習的內容包括：擊打、格防和控鎖，

身體姿勢包括站立、跪和倒在地上時。一下有力的棍擊可以擊碎歹徒的手骨、腿骨和頭顱骨。但是技術不當也可能只是讓歹徒覺得有點痛和身體某部分不適。

如果你用棍擊歹徒使其頭昏，你就可以以棍為槓桿進行控鎖，這是一個很好的選擇，因為這樣可以將歹徒制服而不會使其受到嚴重的傷害。成功控鎖，一般最好用雙手握棍，力大者用一隻手也能鎖住對手。

根據槓桿原理，你的棍越長，所產生的力就越大。如果你用的棍子很短，那麼你就可以依靠腳上的功夫、身體的姿勢和身體上的骨槓桿作用來補償用力。

短棍是對付匕首的首選武器，是匕首的剋星。格鬥時，就是用簡捷而迅猛的擺動來阻止歹徒用匕首對你的刺戳。

在打鬥中，歹徒使用匕首由上向下刺你時，你手持短棍，突然戳向歹徒的面部，成功率非常高。因為歹徒要想用匕首刺你，必須縮短倆人之間的距離，此時也是你戳棍的良好距離，待歹徒匕首將要下刺時，你迅速以短棍戳擊。戳棍的時機很重要，你啟動過早由於距離不合適很難戳中歹徒，歹徒在此一瞬間也可以變換招式。你起動過晚則容易被歹徒刺中。

歹徒右手握刀，由上向下刺擊你上體，當歹徒刀下落時，你向右側躲閃，同時用棍橫磕歹徒持刀手腕，趁其刀下落時，翻腕以棍後端砸擊歹徒頸部，使其措手不及。如果交手雙方距離較遠，你可以用短棍前端抽擊歹徒的太陽穴或頸、面部。要想使格腕砸頸成功，格腕時不要大步後

退，如果歹徒攻擊用力過猛，你可以向側後方撤步，其目的是為你砸擊創造良好的距離。

歹徒右手持刀直刺你胸部，你用短棍橫格其持刀手腕，你將歹徒匕首格開時，歹徒的面部空當明顯地暴露出來，此時你順歹徒右側劈擊其太陽穴，使歹徒措手不及而被擊中。因為歹徒向前刺刀時，重心也隨之前移，歹徒的刀向前未停你就發出劈棍，歹徒難以防守。歹徒刺後回收，你進攻，這樣成功率會大大降低，因為此時歹徒可用到格擋，也可發出第二次進攻。

你防守時要與歹徒保持適合劈棍的距離，如果歹徒刺刀過猛，你後退同時防守。擊打時也不要慌亂，要根據雙方之間的距離決定收臂與探臂，如果雙方之間的距離較近可以收臂劈棍，如果歹徒後退較快，你可探臂劈棍。

你與持刀歹徒對峙時，可引誘其出擊，你持棍將下盤封死，將上盤空檔露出，待歹徒刺空的一瞬間是其防守能力最差的時刻。

歹徒持刀直刺你上體，你用短棍橫格其手腕，隨即你左手順勢下拉其腕，使歹徒重心向前下方移動。因為歹徒向前刺刀的力被你左手向前下方一拉，方向變為向前下方，二力合一無法控制，此時歹徒上體向前下方移動，後頸、後腦較明顯的暴露出來，你準確有力的砸擊會使歹徒當場休克。

如果歹徒刺刀用力過猛，你可隨之向側後方移動，同時下拉歹徒右前臂，如果歹徒前撲倒地，你可用短棍前端抽擊其後腦。如果歹徒刺刀不猛，你左手下拉無效，可趁

247

歹徒回收匕首時用短棍頂端戳擊歹徒面部。

在與持刀歹徒打鬥時，不要盲目亂打，嚴防被刀刺傷，要等歹徒先發，你後發制人，歹徒的舊力已過時破綻就會暴露出來，待歹徒新力未發時快速攻擊便可獲得成功。

合法地使用武力要以法律為準繩，並要對棍擊可能出現的後果心中有數。顯然社會不允許濫用武力，即使是面對正在實施犯罪的歹徒時也是如此。只有兩種情況可以合法使用武器。

第一，是為了阻止暴力而在其發生之前，第二，是在暴力事件發生的同時。

利用短棍格鬥應用舉要

①我與歹徒持短棍打鬥，歹徒用短棍攻來時，我用短棍劈擊其持棍手部，將其短棍打落，再劈擊歹徒左膝關節後側，最後用棍撩擊歹徒下巴。（圖4－292～圖4－295）

圖4－292　　　　　　　　　圖4－293

圖4-294　　　　　　　　圖4-295

②我與歹徒持短棍打鬥，當歹徒揮棍攻擊時，我打擊歹徒持棍手部，趁歹徒中招遲滯之時我抓住其右手臂並攻擊其面部；然後，我再攻擊歹徒的頭骨後側，接著我雙手握棍用右手握棍處擊打歹徒頸部。（圖4-296～圖4-299）

圖4-296　　　　　　　　圖4-297

圖4－298　　　　　　　　　圖4－299

③我持棍與持刀歹徒打鬥，歹徒持刀向我頭部猛砍，我向後閃避；然後，我用短棍打擊歹徒的持刀手。趁歹徒中招遲滯，再用短棍劈擊歹徒面部；接著我雙手握棍猛戳歹徒腹部。最後用右肘猛烈撞擊歹徒的頭側。（圖4－300～圖4－303）

圖4－300　　　　　　　　　圖4－301

圖4－302　　　　　　　　　　圖4－303

二、利用小型噴霧劑制敵

對於保鑣來說，辣椒噴霧劑無疑是一個絕佳的制敵工具，因為無論什麼濃度它都是安全的。警用噴霧劑一般是由紅辣椒做成的，這些都是純天然的有機化合物。因此，不管使用了什麼濃度的辣椒噴霧都不會對歹徒造成永久性傷害，有害的反應是暫時的，但是，能夠讓保鑣有足夠的時間去銬手銬。辣椒噴霧另一個優點是——價格便宜，操作方便，功效絕佳。

辣椒噴霧劑的功用既可以影響嫌犯的生理，又可以影響嫌犯的心理。若嫌犯的面部被噴了辣椒噴霧，他將會淚流滿面、呼吸困難、頭暈、噁心，至少很難看到你，因為張開眼睛時會很痛，他的內心也會因為無法看到周圍的情況而感到恐懼。

不管使用什麼武器，首先必須瞭解的問題是何時可以使用這種武器。辣椒噴霧、警棍和徒手攻擊一樣，都只能被用於積極反抗者。

使用噴霧劑時，必須用非慣用手（不拿武器的那隻手）拿出、使用辣椒噴霧。要求用非慣用手來拿辣椒噴霧的原因是，如果用非慣用手取出並噴射辣椒霧，那麼在必要的情況下依然可以用慣用手發起攻擊。

在和其他保鑣合作的情況下，在向歹徒噴射辣椒噴霧前要對夥伴做出一些警告，讓其遠離，以防止將辣椒噴射到夥伴臉上。如果只有兩名保鑣對付嫌犯，可以讓一個保鑣噴射辣椒噴霧，另一個為同伴作掩護並做好在必要的情況下使用致命攻擊的準備。

當保鑣取出辣椒噴霧並瞄準歹徒時，與歹徒的臉之間至少要保持安全距離。距離過近的話就會給自己帶來危險，也無法取得最佳的辣椒噴霧噴射效果。

在使用辣椒噴霧前，保鑣要確定風向，不能迎著風噴射辣椒噴霧，這樣做很可能使自己受到傷害。在保證自身安全的前提下，保鑣在噴灑辣椒噴霧前和給歹徒戴上手銬時都要做出口頭命令。

正如法庭一再強調的，一旦歹徒投降或保鑣取得控制權，就必須馬上停止噴射辣椒噴霧，緊接著迅速給歹徒戴上手銬並進行全面搜查。

三、利用電擊槍制敵

電擊槍更準確的名稱是電子休克設備（簡稱ECD），但

人們通常將各種ECD都統稱為電擊槍，因此本文我還是將ECD稱為電擊槍。電擊槍存在一些特有的優勢。

第一，保鏢能在較遠距離以電擊槍進行攻擊。

第二，電擊槍的效果佳，能夠立即阻止歹徒的一切攻防行為。

第三，電擊槍使用方法簡單。

第四，被電擊槍擊中後，不會留下後遺症。

電擊槍的基本理念是破壞身體的通信系統。電擊槍可以產生高壓低電流電荷。簡言之，這意味著電荷中包含很多壓力，但強度不是很大。當你按下電擊槍扳機時，電荷將進入歹徒的身體。因為它有很高的電壓，所以電荷將穿透厚厚的衣服和皮膚。電擊槍的電流只有約3毫安培，所以電荷不是很強，一般不會傷害歹徒的身體，電擊槍只會電擊人的肌肉和神經，使其喪失抵抗能力。並且，由於人體全身都是肌肉和神經，所以當你擊中歹徒時，也不會造成太大的問題。

現在，保鏢使用的電擊槍包括以下幾種：X26、X3（能以手動或半自動模式發射三組倒鉤）、XPEP（加長電擊射彈，它由X12的發射底座和平桶槍組成）。

電擊槍可以攻擊歹徒的全身。不過背部和胸部以下的部位是首選的電擊區域。研究表明，因使用電擊槍而損傷心臟問題的可能性幾乎為零。然而，在很多年前廠家就已經建議保鏢不要用電擊槍攻擊女性的胸部，因為電擊槍射出的倒鉤可能會給歹徒的胸部留下疤痕。現在，無論歹徒是男性還是女性，都建議儘量不要攻擊胸部（並非強行禁

止）。第二個儘量避免攻擊對方的面部。在以前曾發生過保鏢用倒鉤擊中對方的面部或者眼睛的情況，後來受害者都成功起訴了使用電擊槍的保鏢。

儘量不要對站在高位、開車、騎車、游泳或者跑步的人使用電擊槍。法庭同樣不贊成對老、弱、病、殘、孕人士使用電擊槍。但是，只要保鏢能證明現場存在可見的威脅，就可以使用電擊槍進行攻擊。

為了防止電擊槍和手槍搞混，警界防禦專家建議將電擊槍放在非慣用方的側配槍套裡（**手槍放在慣用方的側配槍套裡**）。

在使用電擊槍時要與歹徒保持合適的距離。根據建議，使用X26或X3時，雙方應保持2～4公尺的距離。在攻擊時，即使使用電擊槍，也要保持身體持續移動，始終保持2～4公尺的距離。如果對手靠近或閃開，2～4公尺的安全距離被打破了，就繼續移動身體，創造一個合適的距離，從而成功使用電擊槍。若這招失去效力，就使用電擊槍的驅動昏迷模式來趕走歹徒。

四、利用手電筒制敵

正確運用手電筒，可以為保鏢的公務活動、抓捕行動、自衛防身創造有利條件。

從一些案例中我們可以看到，一些不法之徒作案大多是在黃昏、天黑以後或是光線昏暗的環境之中，晚上10點到凌晨2點鐘之間發案率最高。黑暗不僅對犯罪分子有利，黑暗也可以使保鏢隱蔽行動。

　　手電筒是保鏢的常規裝備，夜間執行任務都攜帶著手電筒。對於夜間出行，對需要防止搶劫和侵襲的人（包括保鏢）來說，攜帶並運用手電筒防身是一種安全、合法、合理的選擇。

　　手電筒的光線可以刺激歹徒的眼睛，讓其視線模糊、無法視物或者用來打擊歹徒的致命部位以使你在打鬥中取得勝利。

1.作　用

　　月黑風高，你孤身一人，忽然一個劫匪跳到你的面前，想洗劫你的財物。此時你有一隻手電筒，或者當時手電筒是你手中僅有的武器，你就可以充分有效地運用它。你可以使歹徒看不清你的情況而你卻能夠清楚地看到他的行動。這需要一些簡單的訓練。因此，一旦你掌握了這些技術，你就可以在黑暗打鬥中取得優勢。因為你可以在打鬥中任意調整與歹徒的距離，調節身體姿勢、獲取武器並實施打擊。

　　對於歹徒而言，強度很大的光線可以使其眼睛無法視物、失去方向感、移動受影響或者思維混亂。由於歹徒在受到強光照射時會做出一些本能反應，因此，你可以在歹徒做出這些反應時獲得隱藏自己的機會。

2.使　用

　　如果形勢需要，你手中的手電筒可以作為一個防守的武器，如果手電筒夠長的話還可以運用它作為槓桿來別住歹徒。手電筒應該作為徒手打鬥的輔助工具使用，明白這一點很重要。因為手電筒本身是一種照明工具而不是一種

打鬥武器。手電筒不能夠像棍棒或刀子一樣單獨使用。但是，手電筒是實施成功擺脫並發動反擊的基本手段，如果你在自衛術訓練中進行很好的適應性訓練的話，手電筒將會發揮最大的效能。

手電筒在進行集體戰鬥時也可以發揮作用。比如，手電筒可以被「特殊武器與戰術」小組使用。「特殊武器與戰術」小組在實戰中主要是攜帶手電筒運用相互聯繫與相互掩護的方法進行戰鬥。除了「特殊武器與戰術」小組以外，兩位或兩位以上受過訓練的家庭成員也可以應用這一技術進行戰鬥。他們可以讓一位成員用手電筒照住歹徒，而其他成員趁歹徒無防守能力時攻擊歹徒要害部位。這種方式的攻擊是很難防守的。

許多專業人士都明白這種戰術的作用，並樂於運用這種技術。保鏢培訓中比較注重培養保鏢的實戰戰術和技能，這其中就包括手電筒的戰術和技能。他們在執行公務的過程中很注意對燈光的控制。

3.運用戰術

亮度很高的手電筒在自衛中的作用非常大，最有效的一種方法是用手電筒照射歹徒的眼睛或者用來打擊歹徒的要害部位。

你可以運用閃爍手電筒或者照射歹徒眼睛的方法來削弱歹徒的戰鬥力。從不同的距離和不同的角度運用手電筒不斷迅速地短時間閃爍歹徒的眼睛。這樣做會使歹徒感到迷惑並且擾亂歹徒的攻擊。

也可以直接長時間地連續把光束對準歹徒眼睛。這樣

做可以迫使歹徒閉上眼睛，抬起雙手遮擋光線並把頭轉向一邊。一旦達到這樣的目的，你就可以迅速地以拳腳猛擊歹徒或者應用武器打擊歹徒。

運用大號手電筒進行打鬥的技術與使用短棍技術相類似。因為手電筒本身就像一根短棍。如果你掌握了擊打的技巧，你就能在打鬥中得心應手。

小型手電筒的擊打強度與光亮照射並不具有決定性作用，但是，你拿一個金屬物品來進行打擊總比赤手空拳打鬥效果要好得多。

4.衝擊、防守及控制

一般情況下，手電筒越長，給歹徒施加的壓力就越大，那麼這種手電筒在打鬥中的功效就越好。雖然大一些的手電筒在使用時會給你帶來很多不便，但是，大號的手電筒在格鬥中殺傷力更強。就像前面所說的那樣，它可以打擊、誘攻以及控制歹徒。這三種作用構成了運用手電筒進行打鬥的主要內容。

根據你握手電筒的方法，使用手電筒進行打擊主要包括以下方法：

①運用手電筒的一端進行戳擊。

②運用手電筒揮掃抽擊歹徒。

最後一種方法效果最好，因為由於這種動作的幅度更大，因此打擊的力度就更強。

你可以從短棍的招法中借鑒一些技術來運用於手電筒，而不必再創造新的招式。

大號的手電筒也可以格擋歹徒的攻擊。當歹徒持有

匕首時，也可以利用簡潔迅猛的動作來阻止歹徒對自己的攻擊。雖然在這種情況下手電筒並不是最理想的武器，但是，在當時的情況下卻是最有效或者是唯一可用的武器。至少，你運用手電筒進行阻擋可以防住歹徒的攻擊。

如果你不想重傷歹徒的話，你還可以運用大號手電筒作為槓桿來別住歹徒。儘管我們用一隻手就可以控制住手電筒，但通常運用手電筒擒住歹徒需要用雙手抓住手電筒的兩端。大體上，手電筒起到了撬棍的作用，因此手電筒越長，運用時獲得的槓桿作用以及勾掛力就越強。

運用手電筒來迫使歹徒移動到更適合你展開攻擊或施以摔法的位置。試圖運用手電筒僅僅鎖住歹徒的手腕、手臂或腿等關節並不是十分明智的，因為歹徒可以很輕易地掙脫你對他的控制。無論是你徒手鎖住歹徒還是運用手電筒鎖住他，你要清楚一點就是在激烈的打鬥中，只有少數的鎖扣技法可以奏效。

第五章
著名安全護衛專家的防身技巧

第一節　對敵衝突三階段

「阻擊—相持—解決」格鬥術是由一位老警官、「直接處擊」體育會的教練保羅・夏普和該體育會的副總裁路易士・古特雷茲創造的對敵衝突三階段，之所以叫做「阻擊—相持—解決」功夫，是由於該功夫名稱來源於英語單詞 Intercept（阻擊、攔截）、Stabilize（相持、使平穩）和 Resolve（解決）。而這三種動作技術恰好代表了對敵衝突中的三個階段，同時也展示了克敵制勝的恰當策略和基本技術。

該功夫融合了夏普多年的街頭巡警經驗、軍人戰術小組的經驗、員警和保鏢訓練的技術，以及古特雷茲 10 年的夜校保安訓練經驗。這套格鬥術適用於保鏢、員警、軍人用來擒敵、防身、自衛。

由於這種格鬥術簡單易練，使練習者在實戰中獲勝的概率大大增加。一旦你與歹徒對峙，你就能本能地安排和設計自己的格鬥方法。

如果你處於危難關頭，這種格鬥術還能讓你成功逃脫或者反敗為勝。

1.各階段介紹

這種格鬥術的第一個階段就是阻擊階段。該階段包括雙方會面、靠近、身體初次接觸。根據歹徒攻擊的動作不同，阻擊既可以是防守動作，也可以是先下手為強的攻擊動作。

當你多少能限制歹徒的動作時，你們就進入了相持階段。該階段要竭力使歹徒失去平衡，使其難以繼續攻擊你。為了達到這一目的，員警格鬥術為大家提供了數種制敵和保持自身平衡的技術。該格鬥術強調對歹徒身體的控制。

最後一個階段是擒敵階段。該階段的情形取決於你是普通民眾，還是士兵、員警或者是保鏢。如果是普通民眾，你可能會重創歹徒，然後脫離現場；如果是員警，該階段最後的結果將會是將歹徒逮捕；如果是軍人，將意味著殺死歹徒。

對於這套格鬥術的創立者來說，要設計有限的一套動作用於應付訓練者可能遇到的幾乎所有近身格鬥局面，這的確是極具挑戰性的工作。由於大多數保鏢、員警和普通民眾的精力有限，很難用大量的時間參加格鬥訓練，所以這套功夫被看作是高效速成的技術。夏普和古特雷茲創造的格鬥術以實用為主。它唯一的目標就是在短時間內消除歹徒對自身的威脅。

由於該格鬥術是由各種動作模組和訓練方法組成的，所以在實際應用中形成各種各樣的組合動作。其中基本動作有：摔投動作、擒拿動作、拳擊動作、蹬踢動作等。

2.訓練過程介紹

該格鬥術是用於對付各種突發情況和各種威脅的，既包括生活中小摩擦的簡單處理技術，也包括對付心狠手辣的歹徒持械攻擊或徒手攻擊技術。該功夫訓練包括躲避、逃離、制服、擒敵等技術。

這些技術並非是瀟灑漂亮的影視武打動作。這些動作來自於對扭打衝突的詳細分析和街頭打鬥的實踐總結。訓練中包括抓鎖的技術，因為員警經常要抓住歹徒給其戴上手銬，所以抓的技術對於員警來說尤其實用。

3.關鍵的技術訓練規則

夏普和古特雷茲創立的這種格鬥術的訓練是安全的而且也是非常務實的。這種員警格鬥術之所以能夠區別於其他的自衛術在於它是用來對付實際生活中的壞人的。

這裡介紹的方法沒有成套和神秘的技術、沒有對特定的攻擊做預定的反應。這種格鬥術的訓練也是從真正的攻擊與對抗開始的，而且不斷增加襲擊和防衛的速度和強度。包括對付現實生活中可能遇到的各種襲擊。學員在訓練中必須不斷地更換訓練夥伴，以便能夠適應各種類型的歹徒和各種手段的攻擊。

在「阻擊─相持─解決」格鬥術中克敵制勝最有效的方法有：

(1) 頭盔式技術

街頭打鬥的快速性及殘酷性意味著你一旦與歹徒會面，對手有可能會對你發動突然襲擊。一旦襲擊者在一臂距離內發動突襲，你就很難去防禦或跑開。如果遇到這種

情形你就要實施頭盔式阻擊技術。

頭盔式阻擊技術包括：你可以迅速將身體縮成一團，用手臂遮護頭部的下頜、耳朵兩側、後腦勺以及太陽穴。這樣的動作能夠起到盾牌的作用，封住歹徒攻擊，使自己能夠向前衝撞歹徒。這樣既能防禦也能攻擊。

運用時，前臂彎曲，直到手能夠摸著頸後部。肘部抬起，肘尖對著歹徒，上臂在頭前交叉。上臂保護頭和下頜部位。前臂略高於眉毛，保護自己的臉部。下頜微收，含胸，可以使你看準歹徒。向攻擊方向轉動身體，脫離歹徒打擊範圍。身體下沉，猛力衝向歹徒，使歹徒身體失去重心。

(2) 俯衝技術

該技術的動作要領是，兩手用力前伸，向前猛推。可以用來攻擊歹徒的臉、頭、肩、胸等部位。緊接著猛力向前衝，迫使歹徒後退，失去重心。當你猛力向前推手臂攻擊歹徒時，你的二頭肌升起，保護了臉的兩側。在使用該技術之前，如果時間來得及，你應該降低身體，向前猛力推、衝撞，將歹徒掀翻在地。

(3) 拉臂技術

抓住歹徒手臂猛力拉拽，使其難以正常攻擊你，並給你自己製造機會獲得更有利的身體姿勢，繞到歹徒側面或身後。衝突一開始，由雙方纏鬥開始，抓住機會施用拉臂技術。

(4) 別壓戳擊技術

這是擒拿格鬥中基本的相持技術。與歹徒打鬥時，將

自己在前的手臂伸到歹徒的手臂之下，纏繞並抓住歹徒肩部，然後突然猛力下按，在你移動到歹徒側面時將歹徒身體拉近。你再用另一隻手戳擊歹徒頸部。你戳擊之手使歹徒無法靠近，而你又別壓歹徒的手臂，又使其無法掙脫。當使用這種別壓戳擊技術時，你可以猛力使歹徒失去重心，將歹徒摔倒在地。

對於一個員警來說，使歹徒不要靠近自己是一種安全的舉措，因為保鏢和員警的腰間常掛有具有危險的東西，如手槍、匕首、警棍、噴霧劑、手銬等。夏普說，很多員警收繳歹徒武器的意識很強，卻常常忽視保護自己隨身攜帶的一些警用器械。

(5) 挽套技術

猛拉使歹徒身體失衡後，你若趁機繞到歹徒身後，抓控歹徒後背，就可以施用挽套技術。快速出手用雙臂插入歹徒腋下，並將雙手置於其頭後部，扣緊十指，往下壓迫歹徒頭部的同時向上抬他的手臂，制服歹徒。

挽套技術是常用的制服歹徒的第一步技術。一旦控制住了歹徒，你要用胯部前頂歹徒的臀部迫使歹徒失去平衡而倒地。

(6) 「S」形姿勢

歹徒倒於地下，你可以使歹徒身體側翻，緊接著身體下蹲呈「S」形。用一個膝蓋壓在歹徒身體上，另一個膝蓋壓在歹徒肩部。你也可以用腿壓歹徒頸部，這種姿勢可以使你上身保持直立，便於觀察四周情況。

「阻擊—相持—解決」格鬥術中的這六種技術是非常

實用的技術。如果你是一位有經驗的武術學者，你也許會覺得這些內容過於基礎，可實際上它才是最實用的。

第二節　自衛格鬥術的訓練與實戰

凱力・邁可恩（又名 Jim Grover 吉姆・格羅夫）是世界著名的安全專家，是「排險基地」（又稱「嚴峻考驗」公司）的執行總裁，專責保安服務和高級保鑣服務的培訓。凱力・邁可恩是目前最棒的實戰格鬥專家之一。

圖5-1　凱力・邁可恩

如果你不是特種兵或者是特種保鑣的話，你可能難有機會接觸到凱力・邁可恩的絕技。因為他的許多絕技目前還沒有向民間傳授。

凱力・邁可恩早期在他父親那兒接受過系統的徒手打鬥術訓練，後來加入了海軍並最終被授予少校軍銜。他在佛吉尼亞匡恩提科的海軍陸戰隊服過役，還曾服役於海軍

特種部隊，接受了很多反恐怖綜合訓練並直接參與了許多高危的特殊行動。他曾經作為特殊使團的官員被派往駐紮在海外的海軍第三遠征部隊特別行動組，指揮並參加了一些特別行動。

從海軍退役後，他為一本雜誌主持個人安全專欄，出版了許多暢銷的自衛術錄影帶。目前是美國海軍部隊關於近身格鬥計畫的學科帶頭人。此外，他還從事保安服務、安保部隊培訓以及反恐技能培訓等工作。同時，也是有線新聞網（CNN）和美國全國廣播公司（MSNBC）的軍事安全分析員，目前，他也經常在「福克斯新聞」上露面。

以下以問答的形式，請凱力・邁可恩談一談對自衛格鬥術訓練與實戰的看法。

①你對目前的民間自衛術培訓有什麼看法？

我對民間的自衛術培訓方面瞭解不多，但好像很多自衛術培訓班的教練都沒有真正地在街頭與別人打鬥過。我的感覺是，這些技術都不太實用，也過於強調防禦了。

目前的民間自衛術培訓主要存在兩個方面的問題。

一是那些缺乏實戰經驗的教練不知道遭遇暴力時人心理和身體行為的本能反應，以及在這種情況下人體能夠做出何種動作。

二是那些跟隨沒有實戰經驗的教練學習的學徒無法理解自衛格鬥術訓練不可能以一種沒有痛苦的方式完成。

若想瞭解某種技術，你必須讓人先把這種技術實施到你身上，這樣你才能切身體會到這種技術的效果，同時，

你也必須在訓練中把這種技術應用到別人身上，這樣你才能瞭解這種技術是否實用。

②為了解決這個問題，是不是學習自衛術的人必須要找到一位在街頭有打鬥經歷的教練學習呢？

當然你也可以向一位背景豐富、資質深厚但沒有實戰經驗的人學習。但是，教練員必須有正直、誠實的品質。他必須明白街頭暴力事件是如何發生的、肉體受到攻擊會出現的反應以及這些反應是如何起作用的。問題在於，在武術界，學生一般都是被動地接受知識。他們一般對教練的話確信無疑並且不會向教練提出自己的疑問。

還有一個解決的方法就是學生們自己設法搞清真正的暴力衝突是一種什麼情境。暴力事件的發生有多迅速以及在什麼情況下發生等問題。同時，還要想明白人在巨大的精神壓力下會產生什麼樣的反應等。

之後，學員就需要找到一位能夠安排自己進行模擬模擬訓練的教練。這樣他才會擁有在壓力下進行格鬥的能力。之後，學生會真正懂得，什麼技術是實用的，什麼技術在壓力下無法實施。

③對於自衛格鬥而言，最重要的一點是什麼呢？

在自衛格鬥中，你需要明確在何種情形下才能出手打鬥以及如何進行打鬥。

你可能平時將一種技法練得滾瓜爛熟，但是你在街頭實戰中這種技術卻難以派上用場。這是因為街頭暴力衝突

的環境與你平時的訓練環境不同。在街頭自衛格鬥時，你必須在壓力下完成動作，同時，實戰打鬥對你的反應能力也提出了更高的要求。

④你認為人們在練習自衛格鬥術時是不是在徒手技術上投入了太多的精力而在武器運用訓練方面所投入的精力太少呢？

教練在向學員傳授技能時要考慮到歹徒的實際能力。在我們這個法制社會裡，學員可能會在實施格鬥術失利以後回來找教練的麻煩。但事實上，教練只是負責將正確的技術教授給學員，而學員自己必須刻苦訓練來提高技術的水準。即所謂「師傅引進門，修行在個人」。同時學生們還需要自己決定在何種狀況下使用何種技術。如果他們的技術還難以在實戰中發揮效力，我會要求他們花費大量的精力、時間進行訓練以提高技術水準。

⑤聽說許多軍隊教官會教授士兵解除武裝分子武器的方法，而民間的教練卻告訴學員：「把你的錢包交給對方」，是這樣嗎？

是的，但是順便說一下，你確實應該將錢包交給武裝的劫匪。如果一位手無寸鐵的士兵在遇到持械的歹徒時，而歹徒的主要目標就是想要他的錢財的話，士兵也會放棄抵抗，交出自己的錢財。無論使用何種防身術，最重要的一點是以保全自己為中心。

忘掉功夫片中那神乎其神的英雄形象，將錢包或物

品交給武裝劫匪是安全之上策，避免把一場搶劫演變成兇殺。然後走回家，向員警報告這一切。在日常生活中，人們不應該因為遇到搶劫就去冒險抵抗持有兇器的人，只有那些因為職責必須這樣做的人才應該這樣做，而普通人是沒有這方面的職責的。問題是如果歹徒不僅僅是為了搶奪你的錢財，而你的生命也處於危險之中，那你只有為捍衛你的生命奮起反抗了。

⑥自衛術專家會攜帶什麼樣的武器來用於防身呢？

當然是合法的武器。用武器防身效果絕佳，但立法機構禁止一般居民使用具有殺傷力的進攻性武器。大多數的國家和地區政府也禁止公民個人手持各類手提式武器出現在公共場所，立法官員為了安全考慮也為了防止各種挑釁性進攻，他們一直在尋找一種危險性較小的武器讓公民去抵制歹徒的攻擊。令人頭痛的是，大多數防身武器都被法庭認定為具有進攻性質。如果這些武器不是用來防身而是用來進攻，後果更不堪設想。

現在很多人用辣椒噴霧劑進行防身，在身體遭到直接攻擊時迅速掏出和熟練使用它。如果法律允許的話，棍棒也是不錯的防身武器。人類最先學會使用的武器也是棍；在現實的打鬥中，短棍也是最常用的防暴器具。

⑦隨機武器的作用如何？人們應該如何學會使用這些日常生活中的物件來進行防身呢？

格鬥中，誰手中持有武器誰就佔據主動。這種武器不

一定是刀槍棍棒。打鬥場合，日常生活中各種物件都可以當作武器攻擊歹徒。

你可以用鑰匙、鉛筆戳擊歹徒眼睛，你可以拿木梳劃傷歹徒的面部，你可以將雜誌捲起來像棍子一樣攻擊歹徒。事實上，武器有時就存在於你的內心。如果你仔細尋找，你會發現你生活中的武器到處都是。

⑧應該如何讓學生具備這種心理能力呢？

你應該透過真實事例向學員說明這些方法是如何起作用的。然後你應該教他們一些必要的原則：「如何運用槓桿原理、如何重創歹徒、如何將日常生活中的物件看做一件武器。」

⑨對於防衛格鬥而言，哪種流派的武術效果最佳？

我認為菲律賓格鬥術是最好的選擇之一。因為這種格鬥術實用性強，而且強調攻擊速度。如果說到徒手自衛格鬥術，卡烏・馬格也不錯，卡烏・馬格現在已經成為一種絕佳的自衛術體系了。我也比較喜歡那些強調力量、爆發力和速度的空手道技術。還有一些北韓格鬥術，這些格鬥術其本源的技術都很實用的。

但不幸的是，許多教練為了標新立異，加了很多華而不實的技巧。實際上，如果你分析任何一種格鬥術體系，會發現它們都有很實用的技術。

⑩那些在綜合格鬥中作用明顯的格鬥術——泰拳、拳

擊、巴西柔術等能否應用於街頭自衛格鬥？

泰拳是威力強猛的搏技，因為這種格鬥術包括了肘膝以及其他極具威力的技術。柔術包括有廣泛的鎖定、夾緊及勒絞技術。而拳擊可訓練學員的拳法打擊技術與打擊速度。尤其是直拳在街頭打鬥時應用頻率最高。

⑪街頭自衛格鬥術與綜合格鬥術（簡稱MMA）之間有什麼區別與聯繫呢？

我希望MMA能夠成為奧運會項目。MMA的選手們的技術非常棒，他們是世界上技術最棒的格鬥士。現在的MMA已經不是表演項目了，而是一項真正的格鬥比賽。但街頭自衛格鬥術與MMA是兩種不同的格鬥體系。當然，MMA對於自衛格鬥而言並非毫無用處。MMA訓練所提供的技術是很實用的，而且這些技術在一定程度上可以轉化為街頭格鬥技術。不過問題在於，街頭自衛格鬥術在很多時候都不僅僅包括踢打和纏鬥技術。

另外，在真實的打鬥環境中，打鬥的地點可能會制約MMA技術的發揮。還有其他一些區別：規則、裁判、鈴聲以及回合制度等。街頭打鬥是一種粗野的、亂七八糟的情景，還摻雜著你能夠想像得到的最污穢的語言。不會有裁判來救你，也沒有規則可以限制。自衛格鬥術的技術應用必須依據當時的實際情況而定。

在實際訓練中，教練員會向練習者講解人類身體上哪些是容易受到攻擊的部位，例如頸後、太陽穴、眼睛、喉嚨、膝關節、腹股溝等。同時，在實戰中這些部位是被自

衛格鬥術所鼓勵的。在與暴徒拼搏時，可以用任何手段去攻擊，而且還要充分利用身邊的物品作為武器來搏殺。

街頭格鬥術所要教會你的是對付真實暴力衝突，而不是在圍繩或者是電影裡面進行打鬥。自衛格鬥所涉及的是真實的人和真實的事，其技術涵蓋了MMA所有技術，同時還包括許多MMA以外的格鬥技術。自衛格鬥訓練還會讓你學會使用武器，對付持有器械的歹徒，對付多人圍攻以及運用欺騙手段等。

自衛格鬥訓練的另外一個功能就是可以讓你具備克服恐懼的能力。對於自衛格鬥而言，格鬥的環境以及歹徒都是不可預知的。因此，在平時訓練時你就要為這些無法預知的情況做好準備。

為了幫助人們應付街頭暴力，很多實用的自衛術應用了許多訓練方法教授學員學會處理突發事件的本領。學會克服傷痛和突然遭受重創時、在體力消耗殆盡的情況下來發展技術。在某些情況下，訓練用的照明燈會被關掉，學員們可能會受到一些隨意的攻擊，它會迫使防守者在毫無準備的情況下迅速做出反應並投入戰鬥。訓練的地點可以在兩輛汽車之間，也可以在樓梯上進行訓練，或是在被模仿成小巷、夜總會或住宅附近的區域內進行。因為大部分攻擊和打鬥將在那裡發生。

⑫普通市民能否從軍隊格鬥術中尋求防身之法？

普通的自衛術愛好者對軍事格鬥技術非常嚮往，但世上根本沒有所謂的「秘傳」軍用格鬥技術。進行技術組

合以及進行訓練的方式倒是有多種多樣。而軍用技術中的「秘訣」是士兵所具有的體能以及特殊的武器裝備。在一場軍事戰鬥中所用的徒手格鬥，與其作為一項體育運動來學習或練習，以便在街頭打鬥中保護自己的格鬥是截然不同的。

自衛技能的觀念是：盡其所能，抵擋並排除對方的攻擊，而不一定非得傷害攻擊者。相比之下，軍事上的格鬥技能所能認定的目標，卻是要使敵人的肌體受到傷害，而不必顧及這種傷害是否會剝奪敵人的性命。大多數情況下，殺掉敵人是軍事上唯一最佳目標。普通市民可以借鑒軍隊格鬥術，但在防身格鬥時必須以法律為準繩。

⑬在自我防衛方面，精神層面的因素是不是和肉體層面的因素一樣重要？

對於格鬥而言，僅有10%的因素來自肉體方面，有90%因素來自精神方面。為了進行自衛必須增強自己的精神力量。

⑭是不是所有防衛專家都能提煉出實用的技術，為學生提供防衛格鬥中所需要的那10%的因素，而學員只需在此基礎上提高自己的精神力量就行了呢？

這種說法雖然聽起來似乎太過簡單，但事實上卻是八九不離十。問題是：這些技術是否會被提煉出來以及被誰提煉出來。

如果你選擇的是一個練習了五六年太極拳、唐手道

或跆拳道的人，而此人對自己所練的武術確信不疑的話，結果可能就是，他會推崇一些靜態的諸如「掙脫摟抱」之類的技術。這是一個沒有按照動態因素進行訓練的最好例子。如果你被這種方式所襲擊，攻擊者不會像在段位測評中的同伴那樣站在那裡不動。他要麼向前扭倒你，要麼從後面把你撞倒在地。你需要根據當時的實際情況進行躲避，儘量使用你所知道的在該情況下應該採用的技術並留意它們是如何起作用的。正確的做法是進行動態訓練，刪除那些沒有作用的技術，而只留下能夠發揮作用的技術。這就是生死搏殺與運動技巧的區別。

⑮在自衛格鬥中，是不是會有一些讓人絕望的情況發生？在這種情況下，任何技術都無法挽救你的生命？

功夫不是萬能的，在有些情況下無論你功夫多麼高超，你也無法改變命運。現實中，赤手空拳的打鬥根本不是電影中所表現的那些東西，功夫片中的英雄也只能在他們電影中那些精妙絕倫的打鬥場面中獲得生存。假如他們的電影是現實的，那麼這些人最終不可能存活下來。為了避免陷入這種絕境，你要利用自己的潛意識感覺某種情境下的潛在危險，並做出消除危險的決定。

只有你能夠對於可能的危險有所預感，你才能夠避免身陷其中。你是不是帶了過多的現金穿行於劫匪經常出沒的地方？你有沒有事先準備武器防身？比如，當你在自動取款機提取大量現金後，被幾個手持武器的劫匪攻擊。他們可不是從地上冒出來的。那麼當你準備取款時，他們身

在何處？一般情況下，你都不會注意這些。如果你在暴力事件發生之前喪失了警惕性，那是極其危險的。

⑯想想那些專業的綜合格鬥士，他們能夠在被對手擊倒或者擊暈的情況下蘇醒後重新投入戰鬥並且打敗對手嗎？這些格鬥士都在進行刻苦的訓練，但是他們最多只能在30％的時候做到這一點。那麼普通人在遇到此種狀況時又會怎麼樣呢？如果加上武器的話，情況會不會變得更糟糕？

即使是一個武術家也難以同時應付五個攻擊者。如果在沒有武器或者是其他外來說明的情況下，一般人很難同時對付兩個以上的攻擊者。事實上，當你和一個歹徒打鬥時，你或許能制服對手。但是當你一個人對付多人攻擊時，如果沒有武器，你就不能同時控制他們。一對多人關鍵是要訓練以智取勝，強調逃避而不是抵抗。你需要做的是分散對手的注意力，為逃脫創造機會。如果打鬥在所難免，我們要想方設法獲取身邊的物件當做武器攻擊對手。如果我和你在某個地方打鬥，你有功夫基礎而且手持武器，我也會很麻煩。

當遇到一個手持兇器且鐵了心的要傷害你的歹徒時，不能冒險，而是應該竭盡全力獲得優勢。應該以最快的速度打敗對手。在這種情況要不擇手段地獲取勝利，否則的話你可能會遭受重創甚至失去性命。

⑰如何以空手對付持刀、持槍的攻擊者？

　　你可以對付持刀、持槍者的攻擊，但是要做到這一點你需要超強的心理素質。一個人可能會手持匕首向我攻擊，而且讓我難以逃脫，我不太在意對方手裡的匕首。因為我知道，我能夠躲過其攻來的武器，並且以最快的速度進行還擊，使對方的武器難以發揮效力。在被我的反擊摧殘之下，對方手中的匕首可能會被我打掉或致使其轉身逃跑。這種技術就是武器解除技術。

　　在與持有武器的對手打鬥時並不一定要把對方的武器搶奪過來。如果你有機會從對方的攻擊之下逃脫，你就應該迅速撤離。在許多類似的情況下，你能夠做的選擇就是逃脫、屈服於現實或用勒夾、摔投、擊打等方式進行反擊。你在格鬥中摧毀了對方的鬥志，格鬥也就會隨之而停止。當某個人持有兇器攻擊你時，他一定認為自己已控制了局面，但是突然之間他就會被你的反擊打得暈頭轉向。

　　將對方打懵並將其武器奪下來後，應迅速撤離。因為即使在這種情況下你繼續打鬥，你也可能受到傷害或是失去性命。

　　⑱法律對於人們進行防衛訓練以及在遇到暴力攻擊時進行防衛格鬥方面有什麼規定嗎？

　　無武裝的搏鬥應該是沒有辦法的最後辦法。武力必須「有合理的理由」。

　　法律允許人們做出合理的反應，以防自己受到進一步傷害。如果你先出手，那就可以被解釋為以致命武器侵犯別人。假如你要首先使用攻擊權，那你必須證明你受到了

嚴重的傷害或者面臨更糟糕的情形。如果員警發現你在沒有受到威脅時，而在暴力事件發生之前事先攜帶了管制武器，你可能就會有麻煩了。也就是說，假如你平時喜歡攜帶非法武器，就不要再那樣做了。

⑲如何評價現在格雷西家族的比賽技術？

現在巴西柔術的技術已經廣為人知了。格雷西家族是很強大的人物。他們在綜合格鬥擂臺上表現出很強的肉體和精神力量。儘管格雷西柔術包括拳腳擊打的內容，但是，該方法的核心是貼身扭鬥。格雷西柔術中的絞頸技術、鎖臂和鬥臂法較為實用。常常使他們處於不敗之地。

那麼，人們怎樣才能擊敗格雷西柔術呢？事實上，只有一個方法：成為柔術風格的專家。不過，網上有些人所講的對付格雷西柔術的方法卻是荒唐的。

什麼「如果這樣你應該實施踢技，如果那樣你應該進行撞擊」。說這話的人事實上是沒有實戰經驗的、紙上談兵的人。

⑳你看，有些UFC格鬥士，從小在農場長大並且天生強壯。他們好像並不害怕你擊中他們的面部或者用臂鎖技術折斷他們的手臂。那麼你認為人的格鬥能力多少是天生的，又有多少是後天訓練得來的呢？

有些格鬥士在農場裡長期幹活，因而他們的身體非常強壯。致使他們在格鬥時有很強的承受能力與攻擊能力。事實上長期幹農活，也是鍛鍊體魄的一種方法。比如古泰

拳鍛鍊體魄的手段很多是日常的勞動。有四項日常勞動是必須天天做的：望日、擔水、舂米、劈柴。比如現在綜合格鬥擂臺上最著名的鬥士──俄羅斯「格鬥沙皇」菲多，其在練習體魄時用一個大錘掄擊汽車外胎，此項訓練就是取材於日常的勞動。這項運動對於手掌、肩部、背脊的肌肉發展特別有助。可使其拳擊力量大大增強。

當然天生強壯的人，具有一定靈活性、協調性和平衡能力的人都是格鬥的好苗子，但這種能力只是肉體方面的因素，並不代表精神方面的因素。

身體條件是能否成為格鬥高手的重要條件之一，但並非絕對。在近代訓練史上做出卓越貢獻的尤金‧山道，少年時代身體瘦弱不堪，但是經過對解剖學學習以及科學的訓練，使他練就了超乎尋常的神力和具有良好的速度、敏捷性。人的天資稟賦有差別、體格有強弱，這是客觀存在的，但自古到今很多天資差、體格弱的人成為搏擊高手。重要的是要牢牢記住一句至理名言──勤能補拙。

㉑身體素質對於自衛格鬥而言是不是最重要？

徒手格鬥實際上是非常耗費體力的。如果你有意進行格鬥術訓練，那就要將體力訓練放到一個很重要的位置。如果你的身體素質不好，就不能在打鬥時做出有效的反擊。一個體格孱弱的人是不能有效地進行防衛的。

㉒你是如何提高身體素質的？

發展實戰訓練和搏鬥體力的最佳途徑就是跑步。跑步

能鍛煉你頑強的意志和良好的身體耐受性。跑步的優點就是你能夠隨時隨地進行訓練。跑步時要變換速度——快慢交替進行，在長跑的中間進行衝刺跑訓練。我也認為一些格鬥術比如柔道、柔術、纏鬥術，只要你進行長時間的訓練，就能有效提高身體素質。

㉓有些人在連續進行20分鐘或是30分鐘的練習時，會覺得自己已經無法再堅持下去了，因為他們已經筋疲力盡。自衛術訓練有沒有這種耐力訓練呢？

格鬥訓練還要發展心血管耐力。它能夠使你在非常疲憊時，還仍然能保持運動。格鬥術的耐力訓練方法較多，發展耐力的訓練除了上面所講的跑步外，在練習時，你應該設想你正在超市的停車場進行自衛格鬥，而你已經累得無法運用技術了。

㉔格鬥士是不是應該放棄那些他們在競技時無法長時間使用的技術？

不是的。再多的技術都不會多餘。格鬥士應該對這些技術進行濃縮。然後在施加緊張感和恐懼感的情景下進行練習並且使用這些技術。

㉕如果這些技術被保留了下來，應該如何進行訓練以便在防衛格鬥中有效運用？

要進行模擬模擬訓練。在訓練時，還要考慮衝突中的各種因素，包括空間的限制、具體的環境、不同類型的歹

徒以及他們持有的武器。不要總是用一種你認為安全的姿勢進行訓練。

　　你可以讓訓練夥伴在你準備不足的時候突襲你。你可以在黑暗的巷子進行訓練。你也可以在樓梯上進行訓練。還可以把音樂開到最大聲並且進行訓練。不要相信所謂的點穴或者是其他想當然的絕招。你要準備使用一些令人厭惡的招式進行反擊並且在有機會時迅速逃離現場。

　　㉖如果你已經擁有強壯的體格和正確的技術，耐力和力量是不是仍然重要？

　　你應該透過訓練來獲得格鬥所需的力量。當我還是個瘦弱的小孩時，前輩告訴我，我需要進行力量訓練以適應格鬥。我們只有實行體能訓練使身體強壯起來。因為技術與實戰應用之間有一道難以逾越的鴻溝，而實戰訓練的目的就是為了越過這道鴻溝。如果你經常在訓練時使用扭鬥、推拉、摔投技術對付歹徒，那麼同樣可以使你的力量增強。

　　㉗對於力量與體重的關係你是如何理解的呢？假如你體重57公斤，若你增加6.8公斤的肌肉的話，你的打鬥能力會有所增強，那麼如果你再增加6.8公斤肌肉的話，能否還會在格鬥能力方面獲得同樣的提高呢？

　　也許就是這樣，但以我所掌握的知識並不能讓我回答出應該增加多少肌肉才對打鬥最有利，以及力量、靈活性和速度的最佳組合是多少這樣的問題。在人們的心裡通常

認為個高體壯的人都很笨拙，我想這種觀點是片面的。當然，你可以由提高速度來彌補力量上的不足。若這種方法不起作用，你還有另外的選擇。

比如，我教授了一個學員一年的格鬥術，他的技術很嫻熟但就是速度太慢，他的步法也不靈活。我給他提出的解決方法就是讓他與歹徒打鬥時儘量將歹徒拖入地面。後來，他很好地利用了自己的優勢——地面擊打能力及地面控鎖能力——這樣的做法就以試圖提高擊打速度的方法來彌補不足要好得多。

㉘此前，你曾說過世上的自衛格鬥術根本沒有什麼秘笈，是這樣嗎？

是的，或許別的用詞更加合適，而不是「秘笈」。自衛格鬥的方法就是合理地進行訓練並且有效地使用技術。此外，還包括如何應用你擁有的裝備和技巧。那種所謂的「高級防衛技術」的說法只是嘩眾取寵而已。

第三節　格鬥精神的修煉

湯姆・穆茲勒是一位非常全面的格鬥士，他的事蹟無論在格鬥場上還是在格鬥場外都是那麼的充滿傳奇。在越戰期間，他是戰功赫赫的美國特種部隊的戰士，近些年來，他是技術全面的保鏢，是好萊塢著名影視特技專家，是動作影星的動作教練，在大量的好萊塢影片中，他都有驚險刺激的替身表演。由於上述的種種角色。穆茲勒已經

在美國人心中樹立起了剛猛強悍的勇士形象。

穆茲勒還是一位空手道專家，他從事空手道的訓練已經有30多年了。他的武藝可以說爐火純青，在一次訓練中，他曾一次完成了一萬次擊打動作並因此而名聲大噪。21世紀初期，穆茲勒又當起了格鬥教練，要向全世界推廣一種格鬥技術，這種格鬥術的精華就是格鬥精神。

一、格鬥精神的作用

日本最著名的武學家宮本武藏在其經典武術論著《五輪全書》中說道：「人們在練習武術時，精神狀態應保持和平常一樣。與平常相比，練武時注意力應沒有絲毫變化——大腦保持寧靜、專注，既不緊張，也不慌亂。全神貫注，保持平衡，心緒放鬆，品味優雅的風度。」

在徒手格鬥中，防衛者所擁有的最具殺傷力的武器就是他的大腦。他靈活的思維，在嚴酷的身心壓力下毫無恐懼、慌張的反應能力是勝敗的關鍵。格鬥訓練不僅僅是學會打鬥的方法，更重要的是增強練習者的精神力量。而這些精神力量在對付非法暴力攻擊時可以使你更有效地與歹徒打鬥並將其制服。

防衛者必須要開發自己的頭腦。他必須毫無恐慌地於一瞬間作出反應，從而在格鬥中揮灑自如。如果防衛者心理素質不過硬，實戰搏擊時就會六神無主，驚慌失措，使自己肌肉僵硬，那麼，無論他的功夫如何高超也難以發揮出來，在實戰中他只有挨揍的份。

「從前的日本武士們如果能夠在格鬥中打敗歹徒，首

要的先決條件便是：不怕死亡，能夠正確看待自己的恐懼和焦慮。」穆茲勒說。

武士們戰鬥力超強的原因，除了他們自幼勤學苦練、功力篤純以及實戰經驗相當豐富之外，他們臨戰時特殊的精神因素便是他們經常取勝的重要原因。此種精神因素在打鬥場合能產生出強大的意志力量，即使是大敵當前也總是沉著冷靜，無所畏懼，甚至視死如歸。在他們的信念之中，打敗歹徒是英雄的壯舉、是崇高的榮譽。即使在打鬥中死於非命，也可魂歸淨土，超生極樂世界。因此，在武士的心目中，打鬥無道義可言，只有一個目標，即保存自己，擊潰歹徒。

穆茲勒說：「如果武士們缺乏自信，心神不定，在打鬥時，他們就難以發揮自己最大的能量，不會發揮出最好的競技水準，從而也很難打敗對手。」

穆茲勒說：「擁有格鬥精神的人可以是一般人，而不必非得是技藝精絕者。他們只是比平常人多了一份精氣神，他們無所畏懼，勇敢頑強，忘卻生死，費盡全力地格鬥著，戰鬥著。」

二、擺脫恐懼　建立自信

穆茲勒說：「與對手打鬥的時候，即使他是一個技藝高超的格鬥專家，你也不要恐懼，而要氣定神閑、從容應對；他還告訴你：目光爆射對手的眼睛，就像怒視自己的大仇人那樣。然後爆發內心憤怒之情，賜予自己力量與勇氣。」

　　穆茲勒確信，格鬥者必須首先擺脫自己的恐懼、厭戰情緒，然後才能激發自己的鬥志與激情。「與對手對峙時，無論你是攻擊還是防禦，還是防守反擊，你都應該全身心地投入其中。」他說，「如果你害怕對手反擊，如果你擔心傷害或者你焦慮地想著：這個傢伙名氣很大。這個傢伙練過功夫……此時，你將心慌意亂。你要趕緊消除這些胡思亂想，否則你就只有挨揍的份了。」

　　「所以，我認為格鬥精神的要旨就在於忘卻生死，」穆茲勒這樣說，「怎樣才能做到這一點？在格鬥開始之前，你要像野獸般緊盯對手雙眼，這時，你的精神中一種懾人的力量由眼睛裡反映出來，神光暴射，目光擊人，令歹徒膽戰心驚。使對手受到很大的精神威脅。在你全神貫注的怒視下，對手只要稍一輕舉妄動，你就會迅速作出反應，頃刻之間就會擊潰他。膽怯、厭戰、急燥，所有這些不良情緒頃刻間便消失殆盡了。」

　　抑制恐懼的關鍵是，把自己「置於死地而後生」，格鬥時你的每一種技法都是傾盡全力發出來的。穆茲勒認為，刻苦的訓練可以增加格鬥者的自信心，如果武者已進行過徒手格鬥訓練，他就較未受過此類訓練的對手更具心理優勢。他相信，只要他刻苦訓練過，他就能運用自己苦練的技法打敗對手。這種自信可以抑制恐懼。也許這些技術本身或許一點都用不上，但若進行過刻苦的徒手格鬥訓練，這就會成為他頭腦中無價的保障。

　　穆茲勒說：「首先為自己制訂一套訓練計畫。當完成一個階段的訓練計畫後，還可以重新再訂新的指標。特別

是在訓練困難的時候更應把握住自己而堅決完成計畫。不應出現拖延訓練的現象，否則，難以培養出良好的心理意志品質。最後，如果訓練成功，那麼，無論對手是誰，他的水準如何，你都會無所畏懼，而且，這種大無畏的態度還會變成一種習慣，深植於你的內心。記住，平時你是如何訓練的，格鬥時你就會有怎樣的表現。」

「在打鬥時，你也許會儘量避免自己處於被打挨打境地，為自己的攻擊力不強而發怒，也不願意面對身強力壯、技藝高超的對手。這用一個流行的詞彙形容就是不敢面對自己，你面臨最強的對手是你本身。通常，在面對強大的對手時，你六神無主，毫無戰鬥力，問題就出在你自己身上。那是一種虛弱感和不安全感在作怪，這就造成了一種打鬥能力的缺陷。這種缺陷結果又會滋生出躊躇不決和厭戰的情緒，比如，當你登山時，面對著懸崖峭壁，會擔心掉下去將會屍骨無存，結果，你就知難而退，無功而返了。相反，在攀登懸崖時，你要淡化危險。專心致志地爬山，不要讓恐懼情緒影響你。不論爬山還是與敵打鬥，我們都要抑制自己的恐懼情緒。抑制恐懼是建立自信心的另一個基礎，它是打敗對手的關鍵。」

三、學習格鬥精神

穆茲勒宣稱：任何的武術愛好者——從初出茅廬的格鬥新手到訓練有素的格鬥行家，都能掌握這種格鬥精神，只不過各人表現形式各不相同罷了。

「當你努力培養格鬥精神的時候，要注意的是：在打

鬥時，你應該和對手保持適當的距離，把攻擊目標定在對手身體的要害部位。」穆茲勒說，「你可以使用一切可以使用的手段，但是切記：要全身心地投入戰鬥，瘋狂地攻擊對方。」

你在格鬥中，出擊兇狠毒辣，快猛凌厲，對手就沒有喘息之機，防不勝防，無隙反擊。穆茲勒做了個形象的比喻，這就好比一輛滿載重物的貨車突然全速向你衝來時，你就會嚇得六神無主，驚慌失措，並且大腦一片空白，僵直地站立在那兒了。

領悟了格鬥精神，將它根植於頭腦中，這會增強格鬥術修習者的信心，從而克服生活中的種種困難，穆茲勒說這就是他傳授這種課程的原因，而且，對於格鬥士來說，格鬥精神訓練是值得重視的。這種精神讓練習格鬥術的人發現，他們實際上要比自己想像中的還要強大。擁有了這種精神以後，他們的毅力、忍耐力和戰鬥力都大大增強了。

導引養生功

張廣德養生著作　每冊定價350元

輕鬆學武術

太極跤

歡迎至本公司購買書籍

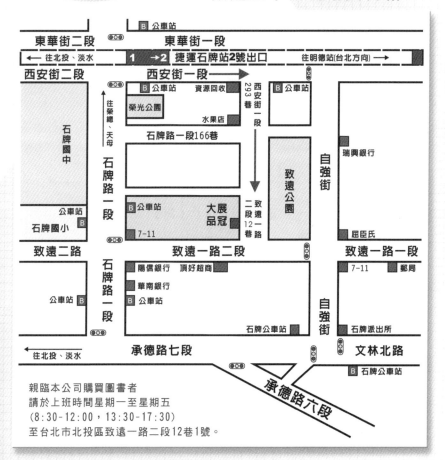

親臨本公司購買圖書者
請於上班時間星期一至星期五
(8:30-12:00，13:30-17:30)
至台北市北投區致遠一路二段12巷1號。

建議路線
1.搭乘捷運
　　淡水信義線石牌站下車，由月台上二號出口出站，二號出口出站後靠右邊，沿著捷運高架往台北方向走(往明德站方向)，其街名為西安街，約80公尺後至西安街一段293巷進入(巷口有一公車站牌，站名為自強街口，勿超過紅綠燈)，再步行約200公尺可達本公司，本公司面對致遠公園。

2.自行開車或騎車
　　由承德路接石牌路，看到陽信銀行右轉，此條即為致遠一路二段，在遇到自強街(紅綠燈)前的巷子左轉，即可看到本公司招牌。

國家圖書館出版品預行編目資料

特種保鏢　護衛格鬥術／王紅輝　車靜　編著
——初版——臺北市，大展，2018〔民107.10〕
面；21公分——（格鬥術；1）
ISBN 978-986-346-224-8　（平裝）
1. 武術
528.97　　　　　　　　　　　　107013308

特種保鏢　護衛格鬥術

編　　著／王　紅　輝／車　　　靜
責任編輯／孔　令　良
發 行 人／蔡　森　明
出 版 者／大展出版社有限公司
社　　址／台北市北投區（石牌）致遠一路2段12巷1號
電　　話／(02) 28236031・28236033・28233123
傳　　真／(02) 28272069
郵政劃撥／01669551
網　　址／www.dah-jaan.com.tw
E-mail／service@dah-jaan.com.tw
登 記 證／局版臺業字第2171號
承 印 者／傳興印刷有限公司
裝　　訂／眾友企業公司
排 版 者／千兵企業有限公司
授 權 者／北京人民體育出版社
初版1刷／2018年（民107）10月

定　價／330元

●本書若有破損、缺頁請寄回本社更換●

大展好書　好書大展
品嘗好書　冠群可期

大展好書　好書大展

品嘗好書　冠群可期